평화를 갈망한 슈퍼스타

존 레넌

평화를 갈망한 슈퍼스타

존 레넌

강백수 지음

자음과모음

차례

1장

음악을 사랑한 리버풀의 반항아

존 윈스턴 레넌

존 레넌의 탄생

1940년 10월 9일 새벽, 나치 독일군은 영국군의 전략적 요충지라 할 수 있는 잉글랜드 북서부의 항구 도시 리버풀을 집요하게 노리고 있었다. 아직 해가 뜨지 않아 칠흑 같았던 도시 곳곳에는 폭격기가 퍼붓는 폭탄의 굉음이 울려 퍼지고 있었다. 그 음산한 도시의 밤길을 헤치고 스물여섯 살의 줄리아 스탠리 레넌(Julia Stanley Lennon)은 산부인과로 두려운 발걸음을 옮겼다. 몇 시간의 진통 끝에 줄리아는 아이를 낳았다.

"아이가 태어나면 이름은 뭐로 하면 좋겠어?"

"음…… 존. 내 아버지 이름이야. 존이라고 이름 붙이고 싶어."

"존 레넌?"

"하나 더, 가운데 이름은 윈스턴으로 하는 게 어때?"

"수상의 이름을 땄구나."

"그래. 우리 아이의 이름은 존 윈스턴 레넌이야."

영국 해군이던 줄리아의 남편 알프레드 레넌(Alfred Lennon)은 아이가 태어날 때 줄리아의 곁에 있지 못했다. 뒤늦게 아이에게 존(John)이라는 이름을 붙였다. 전쟁 중에는 누구나 애국자가 되는 법. 이름과 성 사이에 영국의 명수상인 윈스턴 처칠의 이름을 따서 윈스턴(Winston)이라는 중간 이름이 들어가게 된 것은 그 때문이었으리라. 훗날 영국을 뛰어넘어 전 세계 팝 역사상 가장 위대한 밴드 비틀스의 리더이자, 불세출의 싱어송라이터가 될 존 윈스턴 레넌(John Winston Lennon)은 그렇게 첫울음을 울었다.

갓난아기였던 존의 집안은 그리 화목한 편이 아니었다. 어머니인 줄리아 레넌은 노동자 집안 출신이었고, 아버지 알프레드 레넌은 어려서부터 보육원에서 자랐다. 가난한 그들은 만난 지 십 년이 지나서야 결혼을 할 수 있었는데, 그마저도 식은 올리지 못한 채 등기소에서 결혼 신고를 했을 뿐이었다. 결혼 후에도 두 사람이 함께 지낸 기간은 길지 않았다. 해군이었던 알프레드는 대부분의 뱃사람이 그러하듯 집에 있는 시간이 거의 없었다. 존이 태어나던 해에도 줄리아의 곁에 있지 못했다. 그는 주로 미국과 서인도 제도를 오가며 항해를 했는데, 때때로 문제를 일으키기도 했다. 1943년에는 밀수 혐의로 경찰에 체포되어 교도소에 갇히기도 하였다. 밝고 명랑한 성격의 줄리아에게도 기다림의 연속이었던 결혼 생활은 견디기가 쉽지 않았다. 활동적이고 쾌활한 그녀였기에 친정에서 홀로 아이를 돌보는 일은 더욱더 숨 막혔을 것이다. 그나마 조금씩 송금하던 생활비마저 알프레드가 교도소에 갇히며 끊겨 버리고, 연락도 할 수 없는 기다림은 더욱더 기약 없게 되었다. 그 무렵 마을의 급사장이었던 존 다이킨스라는 남자가 다가왔다.

"줄리아, 아무래도 당신의 남편은 돌아올 것 같지가 않소. 당신 혼자 아이를 기르는 모습이 너무도 힘들어 보이는구려. 인제 그만 기다리고 나와 새롭게 출발해 보는 게 어떻겠소?"

줄리아는 알프레드와의 결혼 생활이 끝났다고 판단했다. 기다림도 고되었지만, 무엇보다 극심한 생활고를 감당하기가 어려웠다. 그녀는 결국 재혼하기로 마음을 먹었다. 다이킨스와 줄리아 사이에 머지않아 아이가 생겼고, 이 새로운 가정에 존 레넌이 머물 자리는 없었다. 줄리아는 존을 언니인 메리 스미스에게 맡겼다. 때마침, 존 레넌의 아버지 알프레드가 돌아왔다.

"줄리아, 이게 어떻게 된 거야? 우리 아들 존이 왜 메리의 집에 있는 거냐고?"

"알프레드, 인제 와서 당신이 참견할 일이 아니야. 돌아가."

"무슨 말이야! 나는 존의 아버지야. 존은 내가 기를 거야. 함께 떠날 거야."

"말도 안 돼! 그럴 수 없어! 지금까지 존을 보호한 건 나라고!"

줄리아가 이미 새로운 가정을 꾸린 것을 알게 된 알프레드는 존의 양육권을 주장했다. 그는 존을 데리고 뉴질랜드로 떠나 그곳에 정착할 생각이었다. 그러나 줄리아는 완강했다.

"줄리아, 그렇다면 조금이라도 내게 시간을 주지 않겠어? 당신 말대로 여태 곁에 있어 주지도 못했는데, 잠시라도 존에게 아버지 노릇을 하고 싶어. 부탁이야."

그는 줄리아에게 양해를 구하고 존과 함께 짧은 여행을 떠났다. 뒤늦게 만난 아버지와 정이 들어갈 무렵, 이미 약속된 기한을 넘겨 버린 그들에게 줄리아가 찾아왔다. 어린 존은 가혹한 선택의 갈림길에 서게 되었다.

"존, 잘 들어. 너는 이제 선택을 해야 해. 아빠는 너와 함께 뉴질랜드로 떠날 생각이야. 하지만 엄마와 살고 싶다면 여기에 남도록 해."

"존, 엄마와 이곳에 남아서 살지 않으련? 메리 이모도 널 기다리고 있단다."

한참을 머뭇거리다 존은 대답했다.

"……저는 아빠와 살고 싶어요."

"그래, 존. 네 생각이 그렇다면 어쩔 수 없구나……. 아빠와 행복하게 지내렴."

줄리아가 눈물을 흘리며 뒤돌아섰을 때 존이 외쳤다.

"아니야! 아니야! 나는 엄마하고 살래요!"

짧은 여행이 아버지의 따뜻한 손길을 느끼기에는 충분했을지 몰라도, 새로운 가정을 꾸린 후에도 이따금 만나며 지냈던 어머니와의 정을 뛰어넘기에는 부족했다. 망설임 끝에 존은 어머니를 선택했다. 불과 여섯 살 남짓한 나이에 내린 결정이었다.

우여곡절 끝에 존은 리버풀에 남게 되었고, 계속해서 이모인 메리의 집에서 지내게 되었다. 존은 메리 이모를 '미미'라고 불렀다. 밝고 쾌활했던 줄리아와 달리, 다소 엄격하고 보수적이었던 미미와 그의 다정한 남편 조지 스미스는 자식이 없었기에 존을 친자식과 다름없이 보살폈다. 다행히 부모인 줄리아와 알프레드보다 경제적인 사정이 좋았던 터라 존은 큰 어려움 없이 유년기를 보낼 수 있었다.

리버풀의 악동

존의 마음속에는 지워지지 않는 그림자가 있었다. 대단히 예민한 감수성을 타고난 존에게 부모와 떨어져야 했던 사건 그리고 아버지와 어머니 사이에서 가혹한 결정을 내려야 했던 사건은 커다란 상처로 남았다. 미미는 이러한 상처를 따뜻하게 매만져 주기보다는 엄격한 교육으로 다스리고자 했다. 그럴수록 불안정한 마음을 갖고 있었던 어린 존은 오히려 더 버릇없는 말썽꾸러기가 되어 갔다. 친구들과 주먹질을 하는 것은 다반사였고, 물건을 훔치는 일도 잦았다. 친구들과 몰려다니며 교회의 예배를 망치기도 했고 선생님께 대들기도 했다. 덕분에 그는 네 살 때 이미 유치원에서 퇴학을 당했고, 처음 입학한 모스피츠 레인 초등학교에서도 강제 전학 처분을 받았다. 다음 해 더브데일 초등학교에 입학해서도 학교에서 가장 악명 높은 문제아가 되고야 말았다.

"너, 표정이 너무 건방져. 마음에 안 들어."

"네가 무슨 상관인데?"

"그 인상 좀 펼 수 없냐? 덩치도 작은 녀석이 기어오르는 것은 참을 수가 없다고."

"그 말 후회하게 해 주지!"

존은 항상 인상을 찌푸리고 다녔다. 그것은 다른 이유가 아니라 그의 시력이 나빴던 탓인데, 그것을 알 리 없는 또래들이 자주 시비를 걸곤 했다. 존은 그런 아이들을 결코 곱게 보내 주는 일이 없었다. 조금이라도 자신의 심기를 건드리면 곧바로 주먹질해 대기 일쑤였다. 열한 살에는 6년제 중고등학교인 쿼리뱅크 스쿨에 입학을 했는데, 그곳에서의 생활도 크게 다르지 않았다.

문제아적인 모습과는 달리 그는 의외로 다양한 분야에 재능이 있었다. 성적도 나쁘지 않았고, 독서를 즐겼다. 쿼리뱅크 스쿨 최고의 악동인 존 레넌의 이면에는 밤마다 홀로 책을 읽고 시를 쓰다가 사색에 잠기곤 하는 고독한 소년이 있었음을 사람들은 잘 알지 못했다. 당시 미미의 집에는 그녀가 수집한 책들이 많이 있었는데, 존은 밤마다 그것들을 2층의 자기 방으로 가지고 올라가 읽곤 했다. 여러 책 중, 오스카 와일드나 반 고흐와 같은 예술가들을 다룬 책들에 특히나 관심을 갖게 되었던 것이 단지 우연만은 아니었을 것이다. 또한 그림 그리기를 즐겼는데, 그 실력은 선생님과 친구들을 감탄시키기에 충분한 수준이었다. 수학을 제외한 대부분의 과목 성적이 상위권이었고, 특히 미술 과목에서는 아주 빼어난 성적을 거두었다.

획일적인 교육이 감당할 수 없는 재능이 자신에게 있음을 깨달은 존은 학교 수업에는 아무런 관심이 없었다. 수업 시간 내내 그는 노트에 시와 소설을 썼고, 황당무계한 낙서를 그려댈 뿐이었다. 학교의 규율에 반항하고, 교사들을 조롱하기를 일삼은 탓에, 그의 생활 기록부는 '구제 불능' '다른 학생에게 방해가 됨' '이대로라면 분명 인생의 낙오자가 될 것' 등 악담과도 같은 의견으로 가득 찼다.

또래의 아이들은 존 레넌을 골칫덩이 취급하던 어른들과는 조금 다른 시선을 그에게 보내곤 했다. 희한하게 그의 주변에는 아이들이 몰렸다.

"존, 새로 만든 이야기 없어?"

"맞아! 이번에는 어떤 선생님을 골탕 먹일 거야?"

"새로 쓴 이야기가 있는데, 주인공이 누구인지는 어디 한번 맞춰 봐."

"존은 정말 어른들 놀려 먹는 일에는 도가 텄다니까!"

말썽꾸러기 골목대장일수록 또래들로부터는 선망의 대상이 되기도 하는 법이다. 그가 단지 문제를 일으키는 학생이기만 한 것이 아니라, 남들보다 훨씬 뛰어난 예술적·언어적 재능을 가지고 있다는 것은 누구나 다 알 수 있었다. 타고난 언변과 독보적인 유머 감각에 많은 친구가 매료되곤 했다. 그가 'Daily Howl'이라 이름 붙인 노트에 가득 담아낸 풍자 가득한 이야기들과 만화를 읽어 주면 모두가 배꼽을 잡곤 했다. 하지만 그의 마음속 깊은 곳에는 어둠이 짙게 깔려 있었다. 이것은 자신이 가진 뛰어난 재능을 펼치지 못하게 억압하는 학교와 그런 그를 따뜻하게 안아줘야 했을 가정의 결핍으로 인한 것이었다. 이러한 그늘은 한 해 한 해 나이를 먹어 갈수록 커져만 갔다.

어머니의 유산, 로큰롤

존, 로큰롤을 만나다

미미는 반항아이자 사고뭉치인 존을 엄격하게 다그쳤다. 존이 밉거나 자기 자식이 아니어서 그랬던 것은 아니었다. 하지만 존은 자신을 이해해 주지 못하는 미미에게 온전히 기댈 수가 없었다. 자신을 자꾸 야단치는 까닭이, 자신이 미미의 친자식이 아니기 때문일 것이라는 생각이 들었다. 오히려 그를 자상하게 다독여 준 것은 이모부인 조지였다. 조지는 존에게 하모니카를 사 주기도 하고 함께 퍼즐을 맞추기도 하며 그의 외로움을 덜어 주려고 노력했다. 하지만 그마저 존이 열세 살 되던 해에 세상을 떠나고 말았다. 다행스럽게도 그 무렵 존에게 기댈 품이 하나 찾아왔다. 바로 그의 어머니 줄리아였다. 새로운 결혼 생활이 어느 정도 안정되자 줄리아는 아들인 존을 뒤늦게나마 챙기기 시작했다. 처음에는 2주에 한 번꼴로 만났지만, 줄리아와 다이킨스 사이에서 태어난 아이들이 어느 정도 자란 뒤로 둘은 더욱 자주 만나게 되었다.

줄리아는 독특한 성격의 소유자였다. 존의 도무지 종잡을 수 없는 성격은 그의 어머니를 고스란히 빼닮은 것이었다. 다소 엄격하고 꽉 막힌 성격이었던 미미와 정반대나 다름없었던 줄리아는 종종 공상에 빠져 있다가 떠오른 엉뚱한 상상들을 즉흥적으로 이야기하고, 하고 싶은 것은 무엇이든 바로 해 버리고야 마는 성미였기에 언제나 주위 사람들을 당황하게 하곤 했다. 미미와 달리 줄리아는 존의 반항기와 기행들을 대수롭지 않게 생각했다. 오히려 자신을 꼭 빼닮은 존을 귀여워했고, 아들뿐만 아니라 아들의 친구들과 함께 어울려 다니며 시끌벅적하게 노는 것을 좋아했다. 자신을 이모에게 맡겨 버렸던 엄마였지만 이러한 모습에 마음이 누그러진 존은 이내 그녀를 친어머니로 받아들일 수 있게 되었다.

당시에 귀한 물건이었던 축음기를 갖고 있던 줄리아는 종종 존에게 자신이 좋아하는 음악을 들려주곤 했다.

"존, 잠시 이리 앉아 보렴. 지금 나오는 음악 한번 들어 봐."

"끝내주는데요? 너무 신나요! 이건 누구의 음악이에요?"

"미국에서 제일 인기 있는 엘비스 프레슬리(Elvis Presley)라는 가

수야. 멋지지? 이런 음악을 로큰롤이라고 한대."

　예술에 대한 깊은 관심과 세상에 대한 반항으로 들끓던 존과 로큰롤의 만남은 운명과도 같았다. 로큰롤은 존의 생활 전반을 흔들어 버렸다. 날마다 로큰롤을 듣고, 엘비스 프레슬리의 춤과 반항 어린 표정까지 따라 하곤 했다. 머리 모양과 옷차림까지 엘비스를 흉내 내는 존의 모습을 미미는 도무지 이해할 수 없었다.

　"존! 그게 도대체 무슨 꼴이니?"

　"멋있지 않아요? 엘비스 스타일이라고요!"

　"멋있기는! 불량해 보이잖니!"

　"뭐 어때, 언니. 귀엽기만 한데!"

　줄리아는 항상 그런 존의 편이 되어 주었다. 어느새 로큰롤 가수를 꿈꾸게 된 아들에게 밴조(미국의 대표적인 민속 발현 악기) 연주를 가르쳐 주기도 했다. 로큰롤의 필수품이자, 평생 존 레넌의 상징과도 같은 물건이 된 기타를 처음 사 준 것도 그녀였다. 보수적인 미미의 눈을 피해 줄리아는 자신의 집으로 기타를 주문했다. 존은 펄쩍펄쩍 뛰며 기뻐했다.

　"엄마! 나 세계 최고의 로큰롤 스타가 될 거예요! 엄마는 그 슈퍼스타의 엄마가 되는 거고요!"

　"글쎄, 기타를 치는 건 아주 좋지만, 그걸로 먹고 살기는 아주 힘들단다."

"두고 봐요! 엘비스보다 유명해져 보일 테니!"

존은 단숨에 밴드까지 결성하고 본격적으로 음악을 시작하게 되었다. 새로 밴드를 꾸려 가는 설렘과 따뜻한 어머니의 품 안에서 그는 커다란 행복을 누리고 있었다.

엄마와의 이별

아름다웠던 시절은 오래 가지 못했다. 1958년 7월 15일, 끔찍한 사건이 벌어지고 말았다.

"존 레넌, 집에서 연락이 왔다. 조퇴하고 집으로 가 봐야겠다."

"네? 그게 무슨 말씀이시죠, 선생님? 집에 무슨 일이 있다는 거예요?"

"어머니께서 교통사고를 당하셨다는구나."

"말도 안 돼! 많이 다치셨나요?"

"일단 얼른 가 보렴."

미미의 집에서 나와 자신의 집으로 향하던 줄리아는 교통사고로 세상을 떠나고 말았다. 당시 줄리아는 44세로 아직 젊은 나이였다. 술에 취한 채로 운전을 하다가 끔찍한 사고를 낸 가해자는 경찰관이었고, 그는 재판에서 무죄를 받았다. 그가 살던 우주와도 같았던 소중한 존재를 잃었다는 슬픔과 세상의 부조리를 목격한 분노는 아직은 청소년이었던 존이 감당하기에는 버거운 감정이었다.

존은 텅 비어 버린 가슴을 두 가지로 채우려고 했다. 이 두 가지는 평생 존의 곁에서 떠나지 않았던 어둠과 빛이었다. 하나는 생애 대부분을 함께하며 그에게 수많은 고통을 남기고 만 술과 약물이었다. 음악가로 성공한 이후에도 존은 만취 상태에서 저지른 숱한 기행과 약물 사건으로 신문에 자주 얼굴을 드러내곤 했다. 이전부터 조금씩 마시기는 했지만, 이때를 계기로 그는 더욱 난폭하게 술을 마셔댔다. 술에 만취한 것도 모자라 각성제까지 복용한 이후에는 사방에 욕을 하고 주먹질을 했다. 담배와 술을 훔치거나 빼앗기까지 하는 등 폐인에 가까운 상태가 되고 말았다.

존이 매달린 다른 하나가 바로 음악이라는 것은 다행스러운 일이었다. 음악은 어머니가 존에게 남겨 둔 유산이자, 어머니와의 추억이 고스란히 남아 있는 고향인 동시에 존이 가혹한 현실에서 도망쳐 쉴 수 있는 유일한 안식처였다. 밴드에 있던 그의 친구들 역시 존의 곁을 지켰으므로 존은 술에 취해 있지 않은 대부분 시간을 밴드 활동으로 채워 나가게 되었다. 어머니가 남긴 기타와 음악으로 어머니에 대한 그리움을 견뎌 내려 한 것이다.

특히 비틀스의 〈Julia〉는 존 레넌이 어머니를 생각하며 만든 곡으로 알려져 있다. '내 마음을 노래할 수 없는 순간에도 오직 당신에게만은 말할 수 있다'와 같은 가사만 봐도 어머니에 대한 갈망과 그리움이 짙게 묻어난다.

반항아 존 레넌은 이처럼 커다란 슬픔 속에서 진정한 음악가로 거듭나게 된 것이고, 그로 인해 인류는 역사상 가장 위대한 팝 스타를 얻게 된 것이다.

밴드 쿼리멘 그리고 운명적 만남

쿼리멘

어린 존 레넌에게는 두 명의 절친한 친구가 있었다. 이웃에 살던 이반 본과 피트 쇼튼이 그들이었다. 매사에 반항적이고 거칠었던 존이었지만 그 둘과는 아주 친하게 지냈다. 스트로베리 필즈라는 동네 공원에서 뛰어놀던 추억은 훗날 〈Strawberry Fields Forever〉라는 명곡으로 남았다. 그들은 모두 함께 근처의 쿼리뱅크 고등학교에 입학했다. 그 무렵 영국에서는 재즈와 포크, 컨트리 음악이 뒤섞인 형태인 '스키플'이라는 장르의 음악이 유행하고 있었고 스키플 밴드들이 우후죽순 생겨나기 시작했다. 때마침 음악에 대한 열정에 들끓고 있던 존은 자신의 밴드를 만들어야겠다고 마음을 먹었다.

"이반, 피트, 우리 스키플 밴드를 한번 해 보자."

"존, 나는 음악을 별로 안 좋아하는데……."

"나도. 악기는 한 번도 다뤄 본 적도 없다고."

"뭐 어때. 재미있을 거야! 악기야 천천히 배우면 되겠지!"

이반과 피트는 밴드의 결성이 그다지 내키지 않았지만, 존은 막무가내였다. 결국 이반과 피트는 어쩔 수 없이 함께하게 되었고, 이반은 빨래판 연주를, 피트는 양철로 만든 베이스 연주를 맡았다. 몇 명의 동료를 더 모아 1956년 어느 가을날 존 레넌이 이끄는 최초의 밴드가 결성되었다. 밴드의 이름은 처음에는 '블랙 잭스'였지만 일주일 만에 다른 이름으로 바뀌게 되었다. 쿼리뱅크 고등학교의 이름을 따서 만든 이 밴드가 비틀스의 모태가 된 '쿼리멘(Quarrymen)' 밴드였다.

말이 밴드였지 사실은 오합지졸이나 다름없는 팀이었다. 악보를 볼 줄 아는 사람도, 악기를 훌륭하게 다룰 줄 아는 사람도 없었다. 하지만 그들은 틈나는 대로 모여 오디오에서 흘러나오는 소리를 흉내 내며 꾸준히 실력을 키워 갔다. 가사집을 구할 길도 없어서 고물 오디오를 들으며 받아 적곤 했는데, 결국 이것을 귀찮게 생각한 존은 가사를 제멋대로 바꿔 부르곤 했다. 쿼리뱅크 최고의 문제아였던 존 레넌이 밴드에 몰두하고 있다는 사실은 주변 사람들을 놀라게 했다.

영원한 동반자, 폴 매카트니

  몇 곡을 어느 정도 연주할 수 있게 되자 쿼리멘은 무대를 찾기 시작했다. 주로 친구들 집에서 열리는 파티나 동네 댄스파티 같은 곳에 찾아가 연주를 하곤 했다. 출연료도 없이 술이나 음식을 얻어먹으며 신나게 공연을 하던 그들에게 1957년 7월 6일은 운명적인 날이었다. 하지만 그들은 그날이 자신들과 더 나아가 전 세계 팝 음악사에 그토록 역사적인 날이 되리라 생각하지 못했을 것이다.

  그날 존이 살던 울튼 마을에 축제가 열렸고, 쿼리멘은 성 피터 교회의 정원에서 연주하게 되었다. 교회의 관리인과 잘 알고 지내던 피트의 어머니가 주선한 덕분에 아마추어 밴드인 쿼리멘은 그들로서는 서기 힘든 커다란 행사에서 연주할 수 있었다. 10여 분 정도 공연을 이어가고 있을 무렵, 한 소년이 자전거를 타고 그곳에 도착했다. 자전거를 세워 두고 쿼리멘의 공연을 진지한 표정으로 보기 시작했다. 존의 친구인 이반 본의 초대로 오게 된, 존보다 두 살 어렸던 이 소년의 이름은 폴 매카트니(Paul McCartney)였다. 훗날 비틀스의 핵심 멤버가 되는 존 레넌과 폴 매카트니는 서로 음악적 영향을 주고받으면서 숱한 명곡들을 만들어 내었다. 그들은 비틀스를 전설적인 밴드로 만들 뿐만 아니라, 그들 각자의 이름 역시 팝 역사에 깊게 새기게 된다. 그들이 처음 만난 것이 바로 그날이었다.

쿼리멘 밴드가 폴의 눈길을 사로잡은 것은 그때 그들이 폴이 좋아하는 곡, 델 바이킹스(The Del-Vikings)의 〈Come Go With Me〉를 연주했기 때문이었다. 제멋대로 바꿔 부른 가사와 서툴지만 매력적이었던 존의 노래 솜씨가 인상적이었다. 사실 폴은 존을 이미 알고 있었다. 동네에서 불량하기로 유명했던 존을 오가며 마주친 적이 있었다. 하지만 존은 순진하고 평범한 인상이었던 폴을 기억할 리 없었다. 비록 연주는 서툴렀지만, 공연을 보는 내내 폴은 내심 부러운 마음이 들었다. 그에게도 존 못지않은 음악에 대한 열정이 있었고, 당시는 존보다 훨씬 뛰어난 연주 실력을 지니고 있었다. 늘 혼자 연주하는 자신과 달리 존은 밴드를 조직해서 친구들과 함께 그토록 즐겁게 공연을 한다는 점이 폴의 마음을 복잡하게 만들었다. 공연을 마치고 무대 뒤에서 이반이 존에게 폴을 소개했다.

"존, 이쪽은 내 친구 폴 매카트니. 이 녀석 기타를 정말 잘 쳐. 어쩌면 너보다 나을지도 몰라."

"그래? 반가워, 폴. 일단 우리 맥주부터 마실까?"

"좋아, 한잔하자!"

열일곱 살의 존이 열다섯 살의 폴에게 맥주를 권했다. 익숙한 일은 아니었지만, 어쩐지 폴은 호기롭게 그 제안을 받아들였다.

술에 취한 존은 기타를 연주하며 노래를 부르기 시작했다. 무대에서 그랬듯 서툴지만 열정적이었다. 한참을 노래하던 존이 폴에게 기타를 내밀었다.

"어? 너 기타를 거꾸로 들었잖아?"

자신이 내민 기타를 잡은 폴의 모습을 보고 존이 놀라자 옆에서 이반이 말했다.

"존, 폴은 왼손잡이야."

폴의 연주와 노래가 시작되자 존은 놀라움을 숨길 수가 없었다. 그때 폴이 부른 노래는 에디 코크런(Eddie Cochran)의 〈Twenty Flight Rock〉이었다. 존이 가장 좋아했지만, 연주는 할 줄 몰랐던 그 곡을 폴은 기타를 거꾸로 든 채로 완벽하게 연주해 내는 것이 아닌가. 폴은 음악가 출신이었던 아버지의 영향으로 존보다 훨씬 어릴 때부터 기타를 연주해 왔던 것이다. 지금까지 자기 위주로 밴드 생활을 해왔던 존에게는 충격적인 첫 패배였다. 하지만 한편으로는 어쩐지 기쁜 마음이 들었다. 자신을 능가하는 재능을 가진 또래를 처음으로 만난 것이다. 그는 폴에게 노래를 몇 곡이나 더 청했다.

폴을 만난 뒤 존은 깊은 고민에 빠졌다. 사실 쿼리멘 밴드의 다른 멤버들은 실력도 부족했고 음악을 취미 생활 이상으로 생각하지도 않았다. 그러던 차에 발견한 폴의 재능은 분명 탐나는 것이었다. 그러나 쿼리멘에 폴이 들어오게 된다면 더는 밴드를 이전처럼 존의 마음대로 이끌어 갈 수는 없게 될 것이었다. 오랜 고민 끝에 존은 두 친구 이반과 피트에게 폴을 영입하는 것이 어떻겠냐고 제안했다. 며칠 뒤, 이반을 만나러 온 폴에게 피트가 말했다.

"폴, 저번에 만나서 정말 반가웠어. 혹시 우리 밴드에 가입하고 싶은 생각이 있니?"

결국 폴은 쿼리멘의 일원이 되겠다는 뜻을 이반에게 전했다.

음악에 대해서 자기만큼이나 커다란 열정을 가진 친구를 드디어 만나게 된 존은 단숨에 폴과 단짝이 되었다. 학교를 마치면 언제나 폴의 집에 모여 함께 음악을 듣고 이야기를 나누었다. 기타 연습은 소파에 마주 앉아 하곤 했는데, 폴의 왼손잡이 연주를 보며 배우던 존은 집에 돌아와서는 거울을 보며 연습하기도 했다. 존이 처음 작곡을 시작한 것도 폴의 영향이었다. 자기보다 어린 나이에 이미 자작곡을 만들기 시작했던 폴의 작곡 노트는 존에게 또 다른 충격과 질투를 안겨 주었다. 둘은 '레넌-매카트니'라는 이름으로 여러 곡을 함께 만들었다. 존이 가사와 멜로디를 가져오면 폴이 그것을 다듬고 코드를 구성하는 식이었다. 서로 다른 두 재능이 함께 빚어낸 이들 곡 중 몇몇은 훗날 비틀스의 앨범에 실려 빛을 발하게 되었다.

존이 쿼리뱅크 고등학교를 졸업하고 리버풀 예술 대학에 입학하게 되면서 둘이 함께하는 시간은 더욱더 많아졌다. 사실 매일 음악과 술에 흠뻑 빠져 살던 존은 당연하게도 대학 입학 자격시험에서 전 과목 낙방이라는 결과를 얻었다. 하지만 평소 존의 예술적 재능과 그림 실력을 눈여겨본 교장의 추천으로 운 좋게 리버풀 예술 대학에 입학하여 미술을 전공할 수 있었다. 하지만 존은 자신이 대학생이 되었다는 사실보다 폴이 있는 리버풀 인스티튜트와 가까운 학교에 다니게 된 것과 그곳에 두 사람이 연습할 만한 공간이 있다는 사실이 더욱더 기뻤다. 사실 그동안 존의 이모 미미도, 폴의 아버지도 존과 폴이 어울려 다니며 음악을 하는 것을 곱게 보지 않았기에 연습 공간을 마련하는 것이 항상 어려웠다. 그런 그들에게 리버풀 예술 대학의 미대 휴게실은 훌륭한 연습실이 되어 주었다.

훗날 어머니를 여의게 된 불행한 사건도 둘의 관계를 더욱 돈독하게 만들어 주었다. 존을 만나기 바로 전 해에 폴은 어머니를 암으로 여의었다. 가까운 시기에 자신과 비슷한 일을 겪은 폴의 위로가 존에게는 더욱 진실하게 느껴졌다.

기타 신동 조지 해리슨

존 레넌과 폴 매카트니의 관계가 깊어지는 동안 다른 밴드 멤버들은 서운함을 느끼기도 했고 밴드를 탈퇴하기도 했지만, 존에게 그런 일들은 크게 중요하지 않았다. 오직 폴과 함께 음악 활동을 지속해 나가는 것이 가장 중요했다. 오히려 존이나 폴의 실력에 미치지 못하는 다른 멤버들에게 못마땅한 마음이 들기도 했다. 특히 존, 폴과 함께 기타를 담당했던 에릭 그리피스의 실력에 대해 그들은 늘 아쉬워했다. 폴은 새로운 기타리스트를 영입해야겠다고 존에게 이야기했다. 존은 생각해 보겠다고 했지만 마땅한 사람이 떠오르지 않았다.

1958년 2월, 존에게는 또 다른 만남이 찾아왔다. 리버풀의 월슨 홀이라는 공연장에서 열린 쿼리멘의 공연에 폴이 친구 한 명을 초대한 것이다.

"존, 인사해. 여기는 조지."

"아, 안녕."

"반가워, 존. 꼭 한번 만나 보고 싶었어. 조지 해리슨이라고 해."

폴보다 한 살, 존보다 세 살 어렸던 그는 바로 훗날 비틀스의 세 번째 멤버이자 기타리스트로 명성을 떨치게 되는 조지 해리슨 (George Harrison)이었다. 폴은 출중한 기타 연주 실력을 갖추고 있던 그를 쿼리멘에 가입시키기 위하여 존에게 소개했다. 공연을 마치고 그들은 함께 이야기를 나누게 되었고, 조지는 그들 앞에서 기타를 연주하기도 했다. 확실히 나이에 비해 굉장한 연주 실력이었다. 하지만 존은 어쩐지 그를 쿼리멘에 가입시키고 싶지 않았다.

"존, 우리 팀에는 괜찮은 기타리스트가 한 명 더 필요해."

"응. 그건 알아."

"조지 정도면 실력은 충분하지 않아?"

"실력이야 충분하지. 그게 문제가 아니야."

"그럼 왜 반대하는 거야?"

"그런 코흘리개와 어떻게 밴드를 하자는 거야? 남들이 우릴 어떻게 생각하겠어?"

존은 조지가 너무 어리다고 생각했다. 자신보다 세 살이 어린 데다가, 실제 그의 얼굴은 그보다도 더 어려 보였다. 성격 또한 마음에 들지 않았다. 반항기 가득했던 존과 다소 점잖은 편이었던 폴의 만남만 해도 뜻밖의 일이었는데, 조지는 폴보다도 더 내성적이고 수줍은 성격이었다. 이런 어린아이와 밴드를 한다는 것은 말도 안 된다는 생각이 들었다. 하지만 조지에게는 의외의 끈질긴 면이 있었다. 조지의 눈에 비친 존은 마치 영웅과도 같았고, 그런 그와 꼭 함께 밴드 활동을 하고 싶었다. 조지는 쿼리멘의 공연마다 구경을 와서 리허설부터 뒤풀이까지 자리를 지켰다. 존은 조지와 친밀해지는 한편으로 에릭 그리피스에 대한 불만이 점점 커졌다. 그러는 동안 조지는 빠르게 성장하는 기타 실력을 보여 주거나 존이나 폴이 잘 알지 못하는 장르의 음악에 대한 새로운 지식을 알려 주며 끊임없이 자신의 매력을 보여 주었다. 결국 존은 에릭을 밴드에서 제외하고 그 자리에 조지를 영입하기로 했다.

존과 폴은 에릭에게만 장소를 알려 주지 않은 채 밴드 연습 일정을 잡았다. 전부터 드럼 연주를 맡고 있었던 콜린 핸튼이 연습 장소인 폴의 집에 도착했을 때에는 에릭 대신 조지가 존, 폴과 함께 있었다. 그들은 다른 친구를 통해 에릭에게 베이스를 맡거나 밴드를 탈퇴하라고 강요했고, 에릭은 상처를 입은 채 쿼리멘을 떠나고 말았다.

이제 쿼리멘에는 존 레넌, 폴 매카트니, 조지 해리슨 그리고 전부터 드럼 연주를 맡아 온 콜린 핸튼이 남았다. 오합지졸 아마추어 밴드 쿼리멘이 전 세계를 뒤흔든 4인조 밴드 비틀스로 성장할 준비를 비로소 마치게 된 것이다.

리버풀 예술 대학의 미대생

리버풀 예술 대학

1957년, 존은 리버풀 예술 대학에 입학했다. 미미의 집에서 나와 몇몇 친구들과 함께 살기 시작한 것도 이 시기였다. 그곳에서도 존은 모범생이 되지는 않았다. 학교 수업에는 관심이 없었고, 제대로 그림을 완성하는 일도 드물었다. 여전히 그는 반항아였다. 검정 스웨터에 검정 진, 검정 모직 코트를 입고 다니던 다른 미대생들과는 달리 존은 포마드를 잔뜩 발라 엘비스 프레슬리를 흉내 낸 머리에 너덜너덜한 옷을 입고 다녔다. 언제나 로큰롤 음악을 들으면서, 재즈를 듣는 다른 친구들을 거만한 속물이라 비난하고 다녔다. 어렵게 들어간 대학이었지만 존에게는 학생으로서의 삶보다 쿼리멘의 리더로서의 삶이 훨씬 더 큰 비중을 차지했다. 결국 그는 대학을 중퇴하게 되지만, 그렇다고 리버풀 예술 대학에서의 시간이 완전히 무의미한 것만은 아니었다. 일생일대의 우정과 사랑을 나누게 되는 두 명의 소중한 사람을 그곳에서 만날 수 있었기 때문이다.

스튜어트 서트클리프

스튜어트 서트클리프(Stuart Sutcliffe)는 어찌 보면 존과는 상반된 성격의 소유자였다. 미술에 조예가 깊었고 대학에서의 성적도 우수한 모범생이었고, 미술품 전시에 입상하기도 하는 등 여러모로 장래가 밝은 예술학도였다. 거칠고 반항적인 존과는 달리 섬세하고 감수성이 예민한 성격이었다. 옷차림도 자유분방하기 그지없는 존과는 달리 항상 검은 상·하의를 입었고 거기에 검은 선글라스까지 쓰는 등 전혀 다른 자기만의 세계를 가지고 있었다. 그런 그들이 둘도 없는 친구 사이가 될 수 있었던 것은 다름 아닌 예술에 대한 관심 덕분이었다.

스튜어트는 미술뿐만 아니라 문학과 영화 그리고 철학까지, 예술 전반에 대해 폭넓은 관심이 있었다. 다른 사람들과 그런 관심사에 관해 이야기하기를 좋아했는데, 그와 비슷한 수준의 예술적 소양을 가진 사람을 만나기란 쉽지 않은 일이었다. 이 점은 존 역시 마찬가지였기에 두 사람은 곧잘 만나 예술에 대한 이야기를 나누며 친해졌다. 오히려 상반된 성격이 매력으로 작용하여 서로에게 깊은 영향을 받게 되었다. 머지않아 둘은 한 집에서 생활할 정도로 둘도 없는 단짝이 되었다.

존의 생활에서 중심은 언제나 음악이었다. 그에게는 가까운 사람을 반드시 음악 쪽으로 끌어들이려 애쓰는 습관이 있었다. 1958년 스튜어트는 존 무어 미술전에 입상했고, 그 덕에 그림을 높은 가격에 팔 수 있게 되었다. 좋지 못한 형편에 얻게 된 65파운드는 가뭄의 단비와도 같았다. 그때 존이 말했다.

"스튜어트, 내게 멋진 생각이 있어."

"음…… 불안하지만 말해 봐."

"그걸로 악기를 사는 게 어때? 그래, 베이스 기타가 좋겠어."

"그게 무슨 뚱딴지같은 소리야. 나는 음악을 잘 알지도 못하고 악기를 연주해 본 적도 없다고."

"그런 건 아무 문제가 되지 않을 거야. 우리 쿼리멘 밴드에 들어오면 나와 멤버들이 얼마든지 가르쳐 줄 수 있으니까."

"말도 안 돼!"

그러나 존의 집요한 설득으로 스튜어트는 결국 베이스 기타를 구입하고 말았다. 악기를 조금 다룰 수 있게 되자마자 그는 얼떨결에 쿼리멘에 합류하여 3년간이나 베이스 연주자로 활동하게 되었고, 이 선택은 그의 짧았던 인생의 방향을 크게 바꾸어 그를 미술가가 아닌 음악가로 기억되게 만들었다.

신시아 파월

존 레넌과 같은 반 학생 중에는 유달리 조용하고 예의 바른 부잣집 여학생이 한 명 있었다. 갈색 곱슬머리를 길게 늘어뜨린 그 여학생의 이름은 신시아 파월(Cynthia Powell)이었다. 존보다 한 살 많은 그녀는 상류층 부모 사이에서 태어난 덕에 행동 하나하나에 품위가 있었다. 항상 떠들썩한 사고뭉치였던 존에게 그런 신시아의 모습은 새롭고 신선했다.

존이 신시아에게 관심을 표현하는 방식은 어찌 보면 유치하고 짓궂기도 했다. 수줍음 많은 신시아를 놀리는 것은 일상이었고, 그녀의 물건을 빌려 가 돌려주지 않는 일도 많았다. 신시아는 존을 정말 이상한 녀석이라고 생각했지만, 사람은 자기가 가지지 못한 면을 가진 사람에게 시선이 가기 마련이다. 존이 신시아에게 그랬듯 신시아 역시 존의 자유분방하고 반항적인 모습에 금세 매료되고 말았다. 두 사람이 가까워진 것은 아주 사소한 계기를 통해서였다. 같은 반 학생들끼리 쉬는 시간에 서로의 시력을 테스트하며 놀고 있었다.

"뭐야, 신시아. 고작 이게 안 보인단 말이야?"

"응…… 내가 근시가 좀 있어서……."

"그래도 그렇지 이건 정말 심한데! 존, 여기 너만큼 심한 근시가 또 있네!"

"응? 신시아, 너도 눈이 안 좋았구나! 나도 눈이 안 좋아서 매일 찡그리고 다니는 거야. 안경은 너무 거추장스럽고 말이야."

"나도 그래. 사람들은 내가 기분이 안 좋아서 표정이 안 좋은 거라고 오해하기도 하고 말야."

"나도 마찬가지야!"

서로에게 관심 어린 눈빛을 주고받던 그들이 가까워지는 데에는 그 정도 계기면 충분했다. 결정적인 사건은 여름 방학을 앞둔 어느 날 일어났다. 한 학기를 마치는 종강 파티가 열렸고 학생들은 음악을 크게 틀고 술을 마시고 춤을 추며 놀고 있었다. 그때 존이 신시아에게 다가왔다.

"신시아, 나랑 춤추자."

"존, 미안한데 나 사실 약혼자가 있어."

신시아는 괜히 존을 한번 놀려 주고 싶었는데, 존은 신시아의 손목을 이끌며 말했다.

"뭐 어때, 내가 지금 너한테 결혼해 달라고 말하는 것도 아닌데."

한참 춤을 추며 놀다가 그들은 장소를 옮겨 술을 마셨다. 모범생이었던 신시아에게는 그 모든 경험이 색다른 것이었다. 그날 밤 둘은 비로소 연인 사이가 되었다.

방학 내내 두 사람은 함께 시간을 보냈다. 존은 처음으로 여성에게 그토록 깊은 감정을 느끼고 있었다. 하지만 어려서 경험한 여러 가지 사건들 탓인지, 아니면 천성적인 성격의 문제였는지, 그는 신시아에게 좋은 연인이 되어 주지 못했다. 존은 항상 자기중심적이었고, 신시아는 순진하기 그지없었다. 수더분한 소녀의 이미지였던 그녀가 어느 날부터인가 머리를 금발로 염색하고 망사 스타킹을 신고 다니게 된 것은 존이 프랑스 영화배우 브리짓 바르도를 좋아했기 때문이었다. 존은 신시아의 외형까지 자기 마음대로 바꾸어야 직성이 풀리곤 했다. 둘이 다투는 날에는 손찌검까지 하기도 했다. 신시아가 보는 앞에서 다른 여자들에게 추근대기도 하면서, 정작 신시아에게는 다른 남자와 이야기를 나누었다는 이유만으로 소리를 치곤 했다. 당시 존은 그것이 남자다운 것이라 착각하고 있었고, 그런 남성적인 모습이야 말로 멋있는 것으로 생각하고 있었다. 신시아는 매번 상처를 받으면서도 존의 곁을 묵묵히 지켰다. 존이 어려서부터 겪어 온 가정의 문제라거나, 바로 최근에 사고로 어머니를 잃은 일까지 그녀는 모두 들어서 알고 있었다. 그의 왜곡된 행동들은 모두 그런 상처로부터 비롯된 것이고, 사랑으로 그 상처들을 치유할 수 있을 거라고 그녀는 믿었다.

2장

비틀스,
세계를 삼키다

비틀스의 탄생

비틀스

존 레넌의 어머니 줄리아 레넌이 세상을 떠난 사건과 이후 신시
아 파월과의 뜨거운 연애로 인해 한동안 존 레넌의 밴드 쿼리멘은
무대에 서지 못했다. 가끔 동네에서 열리는 댄스파티나 생일 파티,
결혼식 피로연 같은 데서 술을 조금 얻어먹으며 연주를 했을 뿐이
었다. 1959년 초, 조지 해리슨의 아버지가 쿼리멘에게 공연을 하나
주선했다. 그날 멤버들은 공연 전에 술을 너무 많이 마신 나머지 공
연을 망치고 말았다. 그리고 돌아오는 버스에서 싸움이 일어났다.
존과 폴은 장애인들을 흉내 내며 장난을 치고 있었다. 그렇지 않아
도 공연을 망치는 바람에 심란했던 드러머 콜린 핸튼이 그것을 보

고 화를 냈다.

"너희들, 적당히 하지 그래? 내 주변에 몸이 불편한 친구들이 있는 걸 알면서도 그런 장난을 치고 싶니?"

"그러게, 콜린. 그런 녀석들이랑 도대체 왜 어울리는 거야? 나는 도저히 이해가 가질 않아. 그렇지, 폴?"

"콜린, 우리를 나무랄 시간에 너는 드럼 연습이나 좀 더 하는 게 어때? 네게 맞춰서는 도저히 연주할 수가 없잖아."

평소 억눌러 왔던 감정들이 서로 폭발하면서 사소한 언쟁이 큰 싸움으로 번졌다. 더군다나 콜린의 친구였던 에릭 그리피스를 내쫓았을 때부터 콜린은 쿼리멘에 머무는 것에 대해 갈등하고 있었다.

"내 드럼 실력이 아무리 형편없어도 너희같이 형편없는 녀석들이랑은 더는 함께하지 못하겠어. 나는 오늘부로 쿼리멘을 그만둘 거야."

그렇게 쿼리멘은 드럼 연주자를 잃었다. 이 무렵 존의 대학 친구 스튜어트 서트클리프가 베이스 기타 연주자로 합류하게 되었지만, 밴드의 구심점인 드럼 연주자 없이 제대로 된 공연을 하기는 어려운 일이었다. 그 시기 그들의 활동을 꼽자면 카스바 커피 클럽에서 몇 차례 공연했던 일 정도가 되겠다. 당시 리버풀에는 커피를 팔고 공연을 여는 커피 클럽들이 많이 생겨났는데, 카스바도 그들 중 하나였다. 쿼리멘의 휴식기 동안 조지가 따로 활동하던 다른 밴드의 소개로 몇 차례 공연을 하기는 했지만, 역시 드러머가 없다는 이유로 오래 지속하지 못했다.

거의 허송세월이나 다름없었던 나날 속에 기억될 만한 사건이 하나 있었다. 밴드의 이름을 바꾸기로 마음먹은 것이다. 쿼리뱅크에 다니는 멤버가 없는 상황에서 쿼리멘이라는 밴드 이름은 무의미했다. 밴드는 '레인보우즈' '문샤인스' '조니 앤 더 문 독스'라는 이름을 사용하기도 했지만, 어디까지나 임시로 정한 이름에 지나지 않았다. 그러던 차에 스튜어트가 의견을 냈다.

"존, 너도 '버디 홀리 앤 더 크리케츠(Crickets: '귀뚜라미들'이란 뜻)'라는 그룹 좋아하지?"

"응. 그 사람들은 최고지."

"그럼 우린 딱정벌레, 비틀스(Beetles) 어때?"

"오, 느낌은 좋은데…… 뭔가 조금 밋밋한 것 같지 않아?"

"음…… 그런가…….'

"스튜어트, 철자를 조금 바꿔서 비틀스(Beatles) 어때? 음악은 비트(Beat)가 생명이잖아!"

순발력 있는 존에 의해 위대한 밴드 '비틀스'의 이름이 탄생하는 순간이었다.

스코틀랜드 투어

산뜻하게 새 이름도 내걸었겠다, 비틀스는 이제 의욕적으로 새로운 활동을 시작했다. 그들은 당시 커피 클럽 '자카란다'에 자주 드나들었는데 그곳에서 오디션이 열린다는 소식을 듣게 되었다. 당시 영국 음악계를 떠들썩하게 만든 인물이자 비틀스 이전 리버풀이 배출한 최고의 스타였던 빌리 퓨어리와 함께 스코틀랜드 투어를 떠날 백밴드를 찾는 오디션이었다. 비틀스는 급하게 토미 무어라는 사람을 임시 드러머로 데려와 오디션에 참여했다. 오디션에서 1등은 하지 못했지만, 자카란다의 사장 앨런 윌리엄스는 그들의 연주를 아주 흥미롭게 지켜봤다. 그는 비틀스에게 또 다른 가수 조니 젠틀의 백밴드로 스코틀랜드 투어에 참여해 달라고 요청했다. 드디어 제대로 된 무대에 설 생각에 들뜬 비틀스는 바로 그 제안을 받아들이고 5일 뒤 스코틀랜드로 떠났다. 9일간 300마일 이상을 달리며 7곳에서 공연을 해야 했던 스코틀랜드 투어는 그야말로 고생길이었다. 거기에 교통사고까지 당하는 바람에 드러머 토미 무어는 이가 부러진 채로 공연을 해야만 했던 적도 있었다.

공연료도 제대로 지불받지 못하고 고생만 했던 스코틀랜드 투어는 멤버들을 극도로 지치게 했지만, 이후 앨런 윌리엄스는 그들을 전폭적으로 신임하기 시작했다.

"이봐, 비틀스 멤버들!"

"무슨 일이에요, 앨런?"

"아, 존. 우리 자카란다에서 연주하는 '로열 캐러비안 스틸 밴드' 알지?"

"모를 리가요. 자카란다 최고의 인기 밴드인데."

"그 녀석들, 독일 함부르크로 떠난다는군."

"그렇군요. 하기야, 함부르크는 유럽 음악의 중심지니까요."

"그래. 떠난 녀석들이야 어쩔 수 없는 거고. 내가 그 녀석들 자리를 자네들에게 맡겨 보려고 하는데, 어떻게 생각해?"

"저희가 자카란다의 메인 밴드가 된다고요?"

"자네들 정도면 충분히 할 수 있을 거야. 내 머지않아 자네들도 함부르크로 진출시켜 주지!"

"이럴 수가! 고마워요, 앨런!"

때마침 자카란다의 최고 인기 밴드였던 '로열 캐러비안 스틸 밴드'가 함부르크로 떠나고, 그 자리는 비틀스의 차지가 되었다. 본격적인 활동을 앞둔 비틀스는 이제 임시가 아닌 정식 드러머가 필요해졌다.

"폴, 누구 떠오르는 사람 없어?"

"한 명 있어. 예전에 카스바 커피 클럽에서 피트 베스트가 연주하는 걸 본 적이 있거든."

"피트 베스트라면 그곳 주인 아들 말이야?"

"응. 꽤 하던걸?"

존은 그 길로 카스바 커피 클럽에 가서 피트 베스트를 만났고, 사정을 설명했다. 음악가로서 야망이 있었던 피트로서는 비틀스에 합류하기를 주저할 이유가 없었다.

얼마간의 시간이 흘렀다. 존 레넌, 폴 매카트니, 조지 해리슨, 스튜어트 서트클리프, 피트 베스트. 아직은 무명인 리버풀의 5인조 밴드가 드디어 함부르크로 향하는 배에 몸을 실었다. 단지 아직은 어린 다섯 명의 청년이 탄 배일뿐이었지만, 그 출항이 의미하는 바는 그야말로 어마어마했다. 세계 대중음악 역사상 전무후무했던 비틀스라는 이름의 거함이 드디어 닻을 올리고 본격적인 항해를 시작한 것이다.

함부르크 시절

함부르크로 가는 길

평생을 살아온 영국 땅을 떠나 독일의 함부르크로 떠나는 존의 마음은 커다란 꿈에 부풀어 있었다. 그러나 기대와는 달리 그 여정은 시작부터 순탄치 않았다. 비틀스 일행을 태운 버스는 런던을 지나 하리치라는 항구로 달렸다. 그들은 그곳에서 네덜란드로 향하는 배를 탈 예정이었는데, 몇 가지 문제가 발목을 잡았다. 일단 악기들을 잔뜩 실은 자동차가 너무 무거웠던 것이 문제가 되었다. 당시에는 자동차를 부두의 인부들이 직접 들어 올려 실어야 했는데 인부들이 작업을 거부한 것이다. 존이 직접 애걸복걸해서 자동차는 실었지만 이번에는 출국 심사가 문제였다.

"목적지가 어디라고요?"

"함부르크입니다."

"노동 허가서가 있나요?"

"없습니다."

"그렇다면 출국이 어렵습니다."

"저…… 저희는 함부르크에 일하러 가는 게 아니에요! 그냥 놀러 가는 것뿐이에요!"

"그럼 저 짐은 모두 뭐지요?"

"그냥 여행하면서 놀려고 챙겨 온 것들이에요. 저희는 모두 학생이고요, 방학을 맞아서 떠나는 것뿐이라고요."

심사국 직원을 속여 가며 가까스로 네덜란드에 도착했다. 그들은 좁은 자동차에 온몸을 구겨 간신히 올라타고 한참을 달려서야 함부르크에 도착할 수 있었다. 하지만 여기까지의 고생마저도 단지 시작에 불과했다.

함부르크는 리버풀과는 비교할 수 없을 정도로 번화한 도시였다. 독일 최대의 항구 도시인 그곳에는 세계 각지에서 모인 선원들의 발길이 끊이지 않았고, 그들을 상대하기 위한 상인과 노동자들로 북적였다. 밤에도 술집과 클럽의 불빛으로 휘황찬란하게 빛나는 뜨거운 도시, 그곳이 함부르크였다. 그러나 밝은 빛이 있는 곳일수록 어둠도 짙은 곳이다. 그들이 머물 숙소와 공연장은 함부르크의 가장 지저분하고 어두운 뒷골목에 있었다. 숙소 문을 열자마자 존과 비틀스 멤버들은 경악을 금할 수 없었다. 화장실 바로 옆의 좁아터진 그 방은 화장실과 방 사이를 가르는 벽이 제 역할을 하지 못하는 듯 화장실 냄새가 풍겨 왔다. 세면 시설조차 제대로 갖춰져 있지 않아서 소변기의 배관을 끌어다가 몸을 씻어야 했다.

"코슈미더 사장님, 정말 이런 곳에서 지내라는 이야기이신가요?"

"걱정하지 말게나. 어디까지나 이곳은 임시로 얻어 놓은 곳이니까. 조만간 제대로 된 숙소로 옮겨 주지."

숙소는 그들이 공연하기로 되어 있었던 인드라 클럽의 사장인 코슈미더가 얻어 준 곳이었다. 사장의 말과는 달리 비틀스는 함부르크를 떠날 때까지 그곳에서 생활해야 했다. 인드라 클럽의 풍경은 더욱더 충격적이었다. 시설이 부실했던 것은 문제도 아니었다. 주로 엉터리 레슬링이나 저질 댄스 공연을 하던 그곳에는 손님이 거의 없었고, 그나마 찾아오는 사람들은 폭력배거나 마약 중독자, 또는 선원 중에서도 아주 질이 좋지 않아 범죄자나 다름없는 이들뿐이었다.

비틀스가 무대에 서거나 말거나 손님들은 자기들끼리 잔뜩 만취해서 고함을 지르고 욕설을 해댈 뿐이었다. 비틀스 멤버들은 그런 분위기에 잔뜩 위축될 수밖에 없었고 그것은 존도 마찬가지였다. 리버풀에서 제아무리 반항아로 이름 날린 존이었지만 결국은 이제

막 성인이 된 앳된 청년일 뿐이었다. 함부르크 뒷골목의 거친 사내들을 휘어잡을 재간이 있을 리 없었다.

"이봐, 비틀스 멤버들. 공연을 이렇게 해서야 손님이 늘 리가 있겠어?"

"하지만 사장님, 무대도 음향 장비도 너무 열악해서 도저히 저희가 어떻게 해 볼 수가 없어요."

"무슨 소리를 하는 거야? 진정한 프로는 환경 탓을 하지 않는 법이라고! 그래서야 성공할 수 있겠어?"

코슈미더는 자꾸만 클럽의 흥행 부진을 비틀스의 탓으로 돌렸다. 아무런 연고도 없이 오직 코슈미더만을 소개받아 함부르크에 온 비틀스는 그에게 반항할 수가 없었다. 그렇다고 이렇게 허무하게 집으로 돌아갈 수도 없는 노릇이었다.

함부르크의 인기 밴드

비틀스의 리더로서 존은 무엇이라도 해 봐야겠다고 생각했다. 어느 날부터인가 존은 무대에서 미치광이처럼 뛰어다니기 시작했다. 정신없이 머리를 흔들고 발로 바닥을 쿵쿵 내리찍기도 했다. 관객들에게 고래고래 욕을 하면 관객들도 욕으로 응수했다. 그런데 뜻밖에 그것이 먹혀들어 가기 시작했다.

"이봐, 혹시 최근에 인드라에 가 본 적 있어?"

"인드라? 그 낡아빠진 클럽 말이지?"

"그래. 거기에 영국에서 새로 온 촌뜨기 밴드 녀석들이 있는데, 아주 물건인가 봐."

"그래 봤자 따분한 음악이나 하겠지."

"아니야, 완전히 정신이 나간 녀석들이라고 소문이 자자하더라고."

그들을 향한 반응이 커지면 커질수록, 비틀스의 소문이 함부르크 시내에 퍼지면 퍼질수록 존의 액션은 과감해져 갔고, 나머지 멤버들도 존의 그런 모습에 동화되기 시작했다. 손님이 밀려들고 클럽이 왁자지껄해지면서 비틀스의 음악은 더욱더 폭발적이고 시끄럽게 변모해 갔다. 이제 비틀스는 함부르크의 유명 인사가 되어 인드라 클럽 외에도 함부르크 최고의 인기 클럽인 카이저켈러 클럽 등 이곳저곳의 섭외를 받아 공연하게 되었다. 그들의 공연 스케줄은 가히 살인적이었는데 평일에는 매일 6시간 동안 4번, 주말에는 8시간 동안 6번씩 공연했으니 한 주에 32번, 46시간을 무대에 선 셈이다. 모든 멤버가 번갈아 노래를 부르는 특이한 경향은 이때 만들어졌다. 그 많은 공연 내내 한 사람이 노래를 부르면 목이 버텨낼 수가 없어서였다. 그러는 동안 무대에서의 퍼포먼스 외에 연주력 자체도 늘지 않을 수가 없었다.

무섭게 성장해 나간 비틀스. 하지만 휘황찬란한 함부르크의 뒷골목에 자리한 어둠처럼, 그 성장의 이면에도 그림자는 있었다. 한 주에 32번 공연을 한다는 것은 아무리 혈기왕성한 젊은이일지라도 정신적으로나 체력적으로나 무리가 되는 일이었다. 그것을 견뎌 내기 위해 그들이 선택한 것은 술과 마약 그리고 여자였다. 무대라는 공간은 연주자에게 한없는 희열과 함께 거대한 스트레스를 선물하기도 한다. 이를 견디기 위해 존과 멤버들은 쉴 새 없이 술을 마셔댔다. 열광하는 관객들은 무대 위로 술을 보내기도 했는데 비틀스는 그 술을 그냥 돌려보낸 적이 없었다. 밤새 퍼마신 술로 무너진 몸을 일으키기도 쉽지가 않았다. 도저히 자기 힘으로 정신을 차릴 수 없었던 그들은 각종 약물에도 손을 대기 시작했다. 열악한 환경과 팍팍한 일상을 잊기 위해 찾은 또 다른 대상은 여자였다. 단지 누군가를 만나 연애를 한 것이라면 문제가 될 리 없겠지만 그들은 주로 매춘부들과 부적절한 만남에 빠져 있었다. 존에게는 신시아가 있었고, 폴 역시 리버풀에 두고 온 도로시라는 여자 친구가 있었으며, 조지는 미성년자였지만 그들은 개의치 않았다. 오로지 스튜어트만이 함부르크에서 만난 아스트리드라는 여자 친구와 사랑에 빠져 동참하지 않았다.

공연에서 번 돈을 죄다 술, 마약, 매춘에 탕진하며 한없이 피폐해져 가던 존과 비틀스 멤버들은 뜻밖의 사건으로 함부르크를 떠나게 되었다. 그들은 인드라 클럽과의 계약이 종료된 이후로는 카이저켈러 클럽에서 주로 공연을 하다가 톱텐 클럽으로 다시 이적하게 되었다. 이를 받아들일 수 없었던 카이저켈러 클럽의 사장이 비틀스 멤버 중 조지 해리슨이 아직 미성년자였다는 사실을 눈치채고 경찰에 신고해 버린 것이다. 결국 조지는 영국으로 추방되어 버렸다. 어쨌거나 넷이서라도 톱텐 클럽으로 향하려던 그들이 짐을 챙기기 위해 마지막으로 그들의 악취 나는 숙소에 방문했던 날, 폴 매카트니와 피트 베스트는 어두운 방에서 짐을 찾기 위해 쓰레기를 모아 불을 붙였고 그들이 떠난 사이 불은 숙소 벽을 태우고 말았다. 발뺌을 해 보려 했지만, 경찰은 이미 언젠가 멤버들이 그곳 벽에다가 숯으로 써 둔 'The Beatles'라는 낙서를 발견한 터였다. 둘은 방화 혐의로 추방되었다. 비틀스는 더 이상의 공연 활동이 불가능해졌다. 존은 아스트리드의 곁에 머물고 싶어 했던 스튜어트를 남겨 둔 채 영국으로 돌아올 수밖에 없었다.

캐번 클럽

1960년 겨울의 시작과 함께 존은 리버풀로 돌아왔다. 돈은 이미 다 탕진해 버려 거지꼴이 되고 만 그는 몸과 마음이 극도로 지쳐 있었다. 돌아왔다는 사실을 멤버들에게조차 알리지 않은 채 미미의 집 방에 누워 몇 주를 지냈다. 그러나 한번 끓어올랐던 피는 쉽게 식지 않는 법이다. 존은 몸과 마음을 추스르자마자 멤버들을 불러 모았다. 그들은 함부르크로 떠나기 전 공연을 했던 카스바 커피 클럽에서 다시 공연을 시작하기로 했다. 스튜어트의 빈자리는 임시 멤버가 잠시 채웠다.

카스바 커피 클럽의 무대에 다시 선 비틀스. 그들은 이미 예전의 비틀스가 아니었다. 연주력과 퍼포먼스가 놀라울 정도로 향상되어 있었고, 음악도 강력해져 있었다. 함부르크의 거친 선원들, 마약쟁이들, 폭력배들에 비하면 리버풀의 10대 후반에서 20대 초반의 관객들은 순한 양들 같았다. 그들을 무대에 집중시키는 것은 이제 비틀스에게는 식은 죽 먹기나 다름없었다. 그렇게 다시 일어난 비틀스는 리버풀 항만 모퉁이의 캐번 클럽이라는 곳의 고정 밴드가 되었다. 캐번 클럽은 비틀스가 세계적인 성공을 거둔 후에도 함부르크와 더불어 자신들의 음악적 고향이라고 말하게 되는 역사적인 클럽이라고 할 수 있다. 당시 그들의 에너지 넘치는 음악은 상대적으로 얌전했던 리버풀 밴드들에서는 절대로 찾아볼 수 없는 매력을 가지고 있었다. 매 공연 모든 관객이 그야말로 광란의 상태가 되어 그들에게 열광했고 그들은 단숨에 캐번 클럽의 간판 밴드로 우뚝 서게 되었다.

다시 자신감을 얻은 존은 1961년 2월 25일을 목이 빠지게 기다렸다. 이날은 드디어 비틀스의 막내 조지 해리슨이 성인이 되어 자유로이 해외로 떠날 수 있게 되는 날이었다. 존은 멤버들에게 다시 함부르크로 떠나자고 제안했다. 멤버들뿐만 아니라 존과 폴의 애인인 신시아와 도로시를 포함한 여섯 명은 그해 4월, 함부르크로 떠났다. 이번에는 예전처럼 말도 안 되는 숙소에 머물 필요가 없었다. 아쉽게 무대에 설 수 없었던 톱텐 클럽에서 그럭저럭 지낼 만한 숙소를 제공했고, 신시아와 도로시는 함부르크에 남아 있던 스튜어트와 그의 여자 친구 아스트리드의 아파트에서 지낼 수 있게 되어 2주간 머물다 리버풀로 돌아갔다.

버섯 머리 4인조

멤버들이 영국으로 돌아가고 홀로 연인의 곁에 남은 스튜어트 서트클리프는 멤버들이 돌아오자 다시 비틀스에 합류했다. 이때 그의 연인 아스트리드가 비틀스에게 의미 있는 역할을 한다.

"응? 스튜어트, 머리 꼴이 그게 도대체 뭐야?"

"푸하하! 뭐야, 꼭 버섯같이 말이야!"

아스트리드가 스튜어트의 머리를 잘라 준 날이었다. 멤버들은 갑자기 귀여워진 그 모습에 웃음을 터뜨리고 말았다. 그때 아스트리드가 말했다.

"다들 웃지만 말고 잘 봐 봐. 너희들보다 훨씬 세련되지 않았니? 스튜어트를 놀릴 게 아니라 너희 꼴을 보란 말이야."

"우리 꼴이 어때서!"

"아니야, 너희는 너무 지저분해 보인단 말이야. 그러지 말고 다들 이런 모양으로 머리를 잘라 보는 게 어때?"

멤버들이 웃음기를 거두고 진지하게 고민한 까닭은 그들 모두가 인정하고 있던 아스트리드의 재능 때문이었다. 미술을 전공하고 사진사로 일하기도 했던 아스트리드는 남달리 뛰어난 패션 감각이 있었고, 멤버들 모두가 그 사실을 이미 잘 알고 있었기 때문이다. 며칠 후, 거짓말처럼 모든 멤버들이 스튜어트와 비슷한 스타일로 머리를 자르고 나타났다. 이후 오랫동안 비틀스의 상징으로 남게 되는 '버섯 머리'의 탄생이었다. 그 외에 아스트리드는 비틀스의 코디네이터 역할까지 해 주었는데 그중 대표적인 것이 비틀스 초기의 상징이라 할 수 있는 옷깃 없는 양복이었다.

새로운 모습으로 거듭난 비틀스에게 더욱 중대한 변화가 하나 기다리고 있었다. 스튜어트가 밴드에서 나가기로 한 것이다. 그들이 리버풀에서 재도약을 하는 동안 그는 깊은 고민에 빠졌다. 자신 없이도 비틀스는 잘 운영되고 있었고, 자신은 애초에 존의 꾐에 빠져 밴드 멤버가 되었다. 또한 미술적 재능이 넘치는 아스트리드와 있다 보니 자신은 음악보다는 미술 쪽에 더 큰 재능이 있다는 생각이 점차 강해졌다. 애초부터 스튜어트의 재능을 알고 있었던 존은 스튜어트의 생각을 존중해 주었다. 그가 맡았던 베이스는 예전부터 베이스 연주에 욕심을 내고 있었던 폴이 맡게 되었다. 이렇게 해서 비틀스는 비로소 우리에게 익숙한 4인조의 형태를 갖추게 되었다. 그리고 이제 단 한 번의 멤버 교체만을 앞두고 있었다.

비틀스의 완성

매니저, 브라이언 엡스타인

다시 방문한 함부르크에서 존 레넌과 비틀스 멤버들은 이전과 같은 어려움과 혼란은 겪지 않았다. 게다가 이번에는 중대한 성과도 거둘 수 있었는데 그것은 다름 아닌 비틀스 역사상 최초로 음반 녹음을 경험한 것이다. 함부르크의 톱텐 클럽에는 토니 쉐리던이라는 스타가 있었는데, 비틀스는 그의 백밴드가 되어 반주를 맡게 되었을 뿐만 아니라 그들의 노래 두 곡을 실을 기회도 얻게 되었다.

비틀스는 커다란 자신감을 얻어 리버풀로 돌아왔다. 이번에는 그들 앞에 뜻밖의 기회가 펼쳐졌다. 존의 리버풀 예술 대학 동기생 중에 빌 해리라는 친구가 있었다. 그는 리버풀의 음악가들을 다루는 음악 잡지《머지 비트(Mersey Beat)》를 준비하고 있었는데, 이 잡지의 창간호에 존이 글을 싣기도 했다.《머지 비트》2호는 비틀스의 운명을 바꾼 결정적인 계기가 되었다. 빌 해리는 자신의 친구 존 레넌의 밴드 비틀스가 음반을 녹음했다는 내용의 기사를 일면에 대서특필했다. 기사에는 비틀스의 함부르크에서의 활약상이 함께 적혀 있었다. 함부르크에서 다진 내공으로 당시 리버풀에서 이미 가장 주목받는 밴드 중 하나로 급부상하던 비틀스였기에 마치 호랑이 등에 날개를 단 격이었다.

비틀스의 모든 공연은 문전성시를 이루었고 그들의 소식은 일파만파 퍼져 한 사내의 귀에까지 다다르게 되었다. 잉글랜드 북부 최대의 음반 상점을 경영하던 브라이언 엡스타인(Brian Epstein)이었다. 유복한 집안에서 자란 그는 아버지가 운영하던 가구점을 성공적으로 운영했고 사업을 확장하여 음반 사업에까지 뛰어들게 된 비즈니스의 귀재였다. 그러던 어느 날, 그의 음반 상점 '넴즈'에 한 청년이 찾아왔다. 그의 손에는《머지 비트》2호가 들려 있었다.

"브라이언, 혹시 비틀스 앨범 없어요?"

"네? 무슨 앨범이요?"

"비틀스요. 이번에 함부르크에서 돌아왔다는 4인조 말이에요."

"글쎄요, 저는 처음 들어보는데요."

"맙소사, 브라이언. 비틀스를 모른다는 건 말도 안 돼요. 요즘 리버풀 최고의 거물은 바로 그들이라고요!"

브라이언은 곧바로 비틀스의 음반을 찾아 들었고 단숨에 그들의 음악에 매료되었다. 마침 넴즈는 비틀스가 공연하던 캐번 클럽과 불과 200m 떨어진 거리에 있었다. 드디어 비틀스의 라이브를 실제로 보게 된 그의 두 눈이 번뜩였다. 타고난 사업가 브라이언 엡스타인은 가구나 음반 사업과는 비교도 안 되는 가능성을 그 천둥벌거숭이 같던 4인조에게서 발견한 것이다.

"존, 공연 정말 잘 봤어요. 저는 브라이언 엡스타인이라고 합니다. 근처에서 음반 상점을 하고 있지요."

"그런데요?"

"당신과 비틀스의 비즈니스에 관해 이야기를 좀 나누고 싶은데요. 비틀스는 정말 크게 될 자질이 있는 팀이에요. 좋은 매니저만 있다면 말이죠."

당시 비틀스는 매니저가 따로 없었고 드러머인 피트가 그 역할을 겸하고 있었다. 그렇지만 전문 매니저가 아닌 그에게 그 역할은 버겁기만 했다. 존과 브라이언은 몇 차례 더 만났고 결국 1962년 1월 24일, 비틀스는 브라이언 엡스타인과 정식으로 계약을 체결하게 되었다.

"브라이언, 이제 우리는 뭘 하면 되지요?"

"일단 제 의견을 몇 가지 말씀드릴게요. 저는 비틀스가 조금 다른 느낌으로 대중에게 다가갔으면 좋겠어요."

"예를 들면요?"

"일단 무대 위에 오를 때 그 너덜너덜한 가죽옷들은 다시는 입지 말기로 하지요. 이제는 깔끔한 모직 정장을 입을 거예요."

"맙소사! 말도 안 돼!"

"정장이라니, 미쳤어요?"

길들지 않은 야생마와도 같았던 비틀스 멤버들은 브라이언 엡스타인의 의견에 강력하게 반발하고 나섰다. 그러나 브라이언은 완강했다.

"여러분들은 나의 비즈니스 능력을 믿고 나와 계약한 것이 아닌가요? 존, 나를 믿어요."

"하지만…… 그게 정말 우리와 어울릴까요?"

"걱정 마요. 당신들은 곧 영국에서 가장 인기 있는 밴드가 될 거예요."

"…… 알겠어요."

"아, 그리고 이제 무대에서 욕을 하거나 난동을 피워서도 안 돼요. 술이나 담배는 물론이고요."

브라이언의 조용하지만 완강한 주장에 비틀스 멤버들은 쉽게 수궁하지 못했다. 그들은 곧 브라이언과 계약을 주도했던 존에게 불만을 터뜨리기 시작했다.

"존, 정말 괜찮겠어? 저 사람 머리가 어떻게 된 거 아니야? 우리는 로큰롤을 하는 밴드라고. 양복이 웬 말이야?"

"맞아. 그리고 우리가 무대에서 욕하는 걸 관객들도 좋아하잖아?"

"폴, 조지, 피트. 나도 너희와 같은 기분이야. 양복 같은 걸 입고 공연하는 건 누구보다 내가 제일 싫어할걸."

"그러게 왜 저런 샌님이랑 계약을 맺자고 한 거야?"

존이 차분하게 말을 꺼냈다.

"그동안 했던 고생들을 생각해 봐. 나는 절대 그걸 반복하기 싫어! 브라이언이 좀 꽉꽉해 보이는 면이 있지만 보통 능력으로는 저 나이에 저 정도 사업 수완을 가질 수 없어. 우리 예전에 최고가 되자고 했었잖아? 잘은 모르지만 난 저 사람이라면 우리를 정말로 최고로 만들어 줄 수 있을 거라는 확신이 들어. 한번 믿고 따라 보자."

사고뭉치에 반항아였던 존이 이렇게 나오자 다른 멤버들은 반기를 들 수 없었다. 어찌 됐건 그동안 그들을 이끌었던 리더는 존이었고, 브라이언은 그가 신뢰하는 매니저였다. 멤버들은 브라이언 엡스타인의 의견을 귀담아듣기로 다짐했다.

브라이언은 시작부터 특급 매니저로서의 행보를 보였다. 계약 전부터 런던의 유명한 음반 회사였던 '데카'의 오디션을 잡아 왔다. 하지만 그들은 무대가 아닌 곳에서의 연주가 낯설었는지 계약 불가라는 대답을 듣게 되었다. 브라이언은 바로 런던으로 달려가 데카 레코드의 간부들을 만났다.

"도대체 비틀스와 계약할 수 없는 이유가 뭡니까?"

"이봐요, 엡스타인 씨. 이런 말 하기는 미안하지만 이제 기타를 치는 밴드들의 시대는 갔어요. 저는 당신이 훌륭한 사업가라고 들었는데, 어째서 그런 비전 없는 밴드에 목을 매는 겁니까?"

"글쎄요, 두고 볼 일이지요. 비틀스는 어마어마한 팀이 될 겁니다. 당신들은 분명 오늘 일을 후회하게 될 거고요!"

비틀스에 대한 확신으로 가득 찬 브라이언은 끝없이 비틀스에게 새로운 기회를 가져다주었다. 비틀스 멤버들은 또다시 함부르크로 떠나기로 했는데, 이때 브라이언의 진정한 능력이 드러났다. 우선 리버풀에서는 비틀스의 함부르크행을 '유럽 투어'로 포장했다. 그러고는 함부르크에 먼저 가서 비틀스가 공연하던 톱텐 클럽보다 훨씬 덩치가 큰 곳이었던 '스타 클럽'이라는 곳과 공연 계약을 끌어냈다. 공연 협상에서는 비틀스의 몸값을 몇 배나 올려놓는가 하면, 스타 클럽 측이 공연 스케줄을 짜는 데까지 직접 관여했다. 비틀스는 거액을 받으며 당대 최고 가수들의 바로 앞 순서에 공연할 수 있게 되었다. 그러는 동안에도 브라이언은 비틀스의 앨범을 제작할 음반 회사를 계속 물색하고 있었다.

비틀스의 데모 테이프는 수많은 음반 회사에 뿌려졌다. 그러나 좀처럼 오디션을 보자는 제안은 돌아오지 않았다. 그러던 어느 날, 전화 한 통이 걸려 왔다.

"브라이언 엡스타인 씨입니까?"

"네, 맞습니다만 누구신지요."

"저는 팔로폰이라는 회사의 조지 마틴이라고 합니다."

"팔로폰이라면 EMI의 자회사가 아닙니까?"

"네. 보내 주신 테이프는 잘 들었습니다. 매우 뛰어난 친구들이 더군요. 한번 뵙고 이야기를 나누고 싶습니다."

브라이언은 바로 조지 마틴을 만났다. 그런데 이번에는 조금 반응이 달랐다. 새로 녹음한 데모 음반을 듣고 조지 마틴은 고개를 갸웃거렸다.

"흠, 이번에는 조금 평범한 느낌이 드는 것 같은데요. 우선 멤버들을 만나 보고 결정해야겠군요. 제가 나중에 다시 연락을 드리겠습니다."

그러나 며칠이 지나도 연락은 오지 않았고, 비틀스 멤버들은 음반 계약을 하지 못한 채 함부르크를 향해 떠났다.

안녕, 스튜어트

1962년 봄, 함부르크에 도착한 비틀스 멤버들은 신이 나 있는 상태였다. 이전의 방문 때는 두 번 다 배와 자동차를 타는 등 고생 끝에 함부르크에 도착했지만, 이번에는 처음으로 비행기를 타고 온 것이다. 멤버들은 자신들이 드디어 그럴싸한 밴드가 되었다는 기분에 휩싸여 들뜬 기분을 만끽하고 있었다. 그러나 이러한 행복감은 오래 가지 않았다.

원래 공항에는 비틀스의 전 멤버이자 존의 둘도 없는 친구인 스튜어트가 그의 연인 아스트리드와 함께 마중을 나와 있어야 했다. 그런데 어찌 된 일인지 아스트리드만이 슬픈 표정으로 서 있었다. 비틀스 멤버들은 아무것도 모른 채 멀리서부터 손을 흔들며 아스트리드에게 달려갔다.

"아스트리드, 오랜만이야! 우리가 드디어 비행기를 타고 함부르크에 왔어. 잘 지냈어?"

"존……."

"그런데 아스트리드, 스튜어트 이 녀석은 왜 안 보이지?"

"존…… 스튜어트가 세상을 떠났어."

비틀스 멤버들이 떠나고 아스트리드와 함부르크에 남은 스튜어트는 자신이 좋아하던 미술 공부를 하며 지내고 있었다. 1961년 말, 갑자기 쓰러진 이후로 지속해서 두통을 호소하곤 했다. 이를 대수롭지 않게 생각하고 공부에 열중하던 그는 또다시 쓰러졌는데, 그때는 이미 뇌종양이 걷잡을 수 없이 진행된 뒤였다. 결국 스튜어트는 공부를 포기하고 요양을 하면서 곧 함부르크에 온다는 비틀스를 기다리며 하루하루 버티고 있었다. 그러다 결국 비틀스가 도착하기 바로 전날, 젊은 나이에 생을 마감하고 말았다.

아스트리드에게서 비보를 들은 폴과 조지, 피트는 그 자리에 서서 오열하기 시작했다. 그러나 존은 뜻밖의 반응을 보였다. 존은 갑자기 미치광이처럼 웃기 시작했다. 사람들은 모두 의아해했으나 감당하기 어려운 슬픈 일을 맞닥뜨릴 때마다 존은 그런 식으로 슬픔을 애써 감추곤 했다. 어머니 줄리아가 돌아가셨을 때도 그랬고, 이모부가 세상을 떠났을 때도 마찬가지였다. 존은 슬픔에 마음을 가누지 못하는 아스트리드에게 말했다.

"아스트리드, 어중간하게 행동하지 마. 우리는 살아있거나 죽거나 둘 중에 하나만 선택해야 해. 중간은 없어. 살아 있을 거라면 슬퍼하지 말고 너의 삶을 살아."

아스트리드는 스튜어트가 아끼던 스카프를 존에게 건넸고, 존은 말없이 받아들었다.

존은 그가 아스트리드에게 했던 말처럼 슬픔 속에서도 더욱 치열하게 살아가기 시작했다. 비틀스는 함부르크 최대의 클럽이었던 스타 클럽을 단숨에 장악해 버리고 함부르크 전체에서 가장 인기 많은 밴드로 급부상했다. 그러던 중 영국에 남아 있던 브라이언으로부터 전보 한 통이 날아왔다.

축하. EMI로부터 녹음 세션 요청 들어옴. 신곡 연습 바람.

레코드 계약 그리고 링고 스타

팔로폰의 조지 마틴을 만난 이후에도 브라이언 엡스타인은 여러 음반사의 문을 두드렸지만 레코딩 계약으로 이어지지는 않았다. 더 이상 연락을 시도해 볼 회사도 마땅치 않게 되자 이제는 정말로 팔로폰의 조지 마틴만이 유일한 희망으로 남게 되었다. 두 달의 기다림 끝에 드디어 기다리던 연락을 받게 되었다.

"브라이언, 조지 마틴입니다. 비틀스와의 계약을 진전하고자 전화를 드렸습니다."

"오오, 기다리고 있었습니다. 그럼 저희와 계약을 하기로 결정이 된 것인가요?"

"미안하지만 한 가지 조건을 걸어도 될까요?"

"어떤 조건 말씀이신가요?"

"비틀스에 대해 호기심이 드는 건 사실이지만 아직 그들의 실력에 대해서는 의문이 있어요. 연주를 직접 보고 최종 결정을 내리고 싶습니다."

원하던 내용의 통화는 아니었지만 다른 선택의 여지가 없었다. 브라이언은 어쨌거나 실낱같은 희망이 생겼다는 것이 너무 기뻐서 바로 우체국으로 달려가 마치 계약이 확정된 것처럼 비틀스 멤버들과 잡지《머지 비트》측에 전보를 보냈다. 함부르크에 있는 멤버들을 단숨에 불러들이기 위해서였다.

비틀스 멤버들은 바로 며칠 뒤 비행기를 타고 리버풀로 돌아왔다. 그리고 1962년 2월 13일, 드디어 EMI의 문을 열고 들어가 조지 마틴 앞에 서게 되었다. 그들은 이미 계약이 확정된 것으로 알았고, 그들의 연주가 오디션이 아니라 단순한 확인 작업으로 생각했기 때문에 전혀 긴장하지 않고 그들의 실력을 보여 주었다. 연주가 끝나자 조지 마틴이 브라이언 엡스타인을 조용히 불렀다.

"조지, 어땠나요? 너무 매력적인 그룹 아닌가요?"

"음, 확실히 물건이에요. 당신이 정말 멋진 팀을 발굴했군요."

"좋게 말해 주셔서 감사합니다. 그런데 당신 얼굴이 썩 밝지만은 않아 보이네요."

"다른 멤버들의 재능에 대해서는 전혀 의심이 들지 않아요. 하지만 드럼을 연주하는 피트라는 친구가 너무 아쉽습니다. 드럼이 밴드 연주의 중심이라는 것은 알지요?"

"그렇지요……."

"저 친구와 함께라면 비틀스는 성공하기 어려워요. 프로 수준의 실력이 아니에요. 음반을 녹음하려면 새로운 드러머를 구해야 할 것 같아요."

"…… 알겠습니다. 다른 멤버들과 상의해 보도록 하지요."

그 사실을 까맣게 모른 채 비틀스는 리버풀에서의 활동을 다시 시작했다. 팔로폰과의 계약은 어떻게든 될 것으로 믿으며, 돌아온 그들을 환영하는 팬들의 열기에 도취해 있었다. 어느 날, 브라이언은 피트를 제외한 나머지 멤버들을 은밀히 불러 조지 마틴의 의견을 전달했다.

　"그럼 한 명씩 의견을 들어 볼까? 폴, 어떻게 생각해?"

　폴이 대답했다.

　"고민할 필요 없을 것 같군요. 사실 저는 피트가 마음에 들지 않았어요. 연주뿐만 아니라 평소에도 뭔가 우리는 맞지 않는 것 같았어요. 사실 이 팀은 저와 존 그리고 조지가 만든 거나 다름없잖아요? 뒤늦게 들어온 피트 때문에 계약하지 못한다는 건 인정할 수 없어요."

　다음으로 조지가 말했다.

　"저도 폴과 같은 생각이에요. 피트가 그동안 수고했지만, 그의 드럼에 맞추어 연주하는 건 항상 고역이었어요. 제가 아는 다른 드러머가 있는데, 그 친구가 실력은 훨씬 좋아요. 멤버를 그 친구로 교체했으면 좋겠어요."

　평소 피트와 마음의 거리를 느끼고 있었던 두 사람이었지만, 존은 입장이 조금 달랐다.

　"저는 사실 피트가 좋아요. 둘은 어떤지 모르겠지만 저와 피트는 좋은 친구예요."

그러나 피트보다 오래 함께해 온 다른 멤버들의 말을 무시할 수는 없었다. 결국 존 역시 그들의 의견에 동의하게 되었다.

"조지, 그럼 네가 안다는 그 드러머는 누구야?"

"함부르크에서 공연할 때 본 팀 중에 로리스톰 앤 더 허리케인스라는 팀 기억해?"

"아, 카이저 클럽에서 같이 공연했던 팀 말이지?"

"응. 그 팀도 우리처럼 리버풀 출신인데, 드럼 연주자랑 이야기할 기회가 있었거든."

"이름이 리처드였던가?"

"요즘은 '링고 스타(Ringo Starr)'라는 이름을 쓰고 있는데, 로리스톰 앤 더 허리케인스에서 탈퇴할 생각이더라고. 아마 우리 음악이 훨씬 매력적이라고 생각하고 있을 거야."

존 역시 함부르크에서 본 그의 뛰어난 연주를 기억하고 있었다. 그러나 멤버 교체 소식을 차마 직접 피트에게 전할 용기는 나지 않았다. 결국 브라이언이 피트를 불러 밴드를 나가 달라고 이야기했다. 이야기를 전해 들은 피트는 그 상황을 쉽게 받아들이지 못했지만, 이미 모든 결정은 내려진 이후였다. 비틀스의 멤버로 오랫동안 그 이름을 떨칠 뻔했던 피트 베스트는 비틀스의 본격적인 데뷔 직전에 낙마하게 된 것이다.

존과 조지는 리버풀에 있던 링고 스타의 어머니 집을 찾아가 링고에게 자신들의 의견을 전달해 달라고 부탁했다. 마침 밴드의 미래에 대해 깊은 고민에 빠져 있던 링고 스타는 EMI 산하의 레이블인 팔로폰과 계약을 코앞에 두고 있는 비틀스의 제안을 단숨에 수락했다. 피트 베스트의 뛰어난 용모에 이끌렸던 수많은 팬이 "비틀스의 드러머는 피트 베스트! 링고는 나가라!"라며 반발했지만, 결국 전설의 4인조 밴드 비틀스의 마지막 한 자리는 링고 스타에게 돌아갔고, 그 이름은 영원토록 세계 팝 역사에 새겨지게 된다.

전무후무한 스타 탄생

부부가 된 존과 신시아

1962년에는 존 레넌에게 중대한 사건이 하나 일어난다. 비틀스의 리더로서가 아니라 인간 존 레넌으로서 아주 중대한 변화였다. 비틀스가 리버풀과 함부르크를 오가며 힘차게 태동하는 동안 존의 곁에서 묵묵히 응원을 보내던 여인이 한 명 있었다. 바로 존의 오랜 사랑 신시아였다. 존은 그녀를 뒷전으로 여기고 오로지 비틀스 활동에만 매달렸다. 때로는 여자 문제까지 일으켰지만 신시아는 한결같이 존의 곁을 지켰고, 존은 마음이 지칠 때마다 마치 고향 집을 찾듯 신시아를 찾았다. 그러던 어느 날, 신시아가 평소와는 다른 표정으로 존 앞에 나타났다.

"신시아, 오늘따라 표정이 좀 안 좋은 것 같은데? 무슨 일 있어?"

신시아는 말이 없었고, 존은 심상치 않은 기분을 느꼈다.

"괜찮아, 뭐든 말해 봐."

"존, 나 아기를 가진 것 같아."

"…… 신시아, 지금 뭐라고 했어?"

"나 임신한 것 같다고. 우리 이제 어떡해야 해?"

존은 잠시 말이 없었지만 이내 무언가를 결심한 듯 말을 꺼냈다.

"신시아, 방법은 하나야. 우리 결혼하자."

둘은 급하게 결혼식을 치렀다. 결혼식은 브라이언 엡스타인이 거의 다 준비했다. 브라이언은 이제 막 날갯짓을 시작하는 비틀스의 인기가 떨어질까 봐 조금 걱정을 했지만 두 사람의 사정을 알기에 결혼식을 도울 수밖에 없었다. 작은 등기소를 임시로 빌려 치러진 이 결혼식에 결혼을 반대했던 존의 이모 미미는 모습을 드러내지 않았다. 신시아의 가족 중에서는 그녀의 오빠와 부인만이 참석했고 그 외에는 폴, 조지, 브라이언만이 자리를 채웠다. 브라이언은 결혼식뿐만 아니라 조촐한 피로연까지 준비했고, 그들이 신혼을 보낼 수 있도록 아파트까지 무료로 빌려주었다. 고작 다섯 명의 하객에, 신혼여행도 없는 결혼식이었지만 두 사람은 이렇게 비로소 부부가 되었다.

역사적인 데뷔

1962년 9월 4일 아침, 브라이언 엡스타인과 비틀스 멤버들은 런던행 비행기를 탔다. 런던 공항에 내린 멤버들은 차를 타고 애비 로드에 있는 EMI 스튜디오에 도착했다. 그들은 상기된 표정으로 악기를 점검했다. 프로듀서 조지 마틴이 그들에게 말했다.

"드디어 자네들의 첫 앨범을 녹음하는 날이군! 다들 준비는 됐겠지?"

멤버들은 두 눈을 반짝이며 고개를 힘차게 끄덕였다. 이윽고 연주가 시작되었다. 비록 EMI의 자회사라고는 해도 크게 주목받지 못하던 팔로폰이 제작한 시골 밴드의 음악이 어떠한 반향을 끌어낼지 조지 마틴조차도 전혀 예상하지 못했다. 그날 녹음한 곡 중 두 곡이 싱글 앨범의 양면을 장식하게 되었다(당시 음반은 LP로 제작되었는데 양면에 각각 노래를 실을 수 있게 되어 있었다). 그렇게 탄생한 것이 진정한 의미에서 비틀스의 데뷔 앨범이라고 할 수 있는 《Love Me Do / P.S. I Love You》였다.

"조지, 폴, 링고! 준비됐어?"

"나는 아직도 믿어지질 않아. 우리 음악이 정말로 나올까?"

"분명 오늘이라고 했어. 믿어 봐, 폴."

"오오! 존! 나온다!"

"존! 믿을 수 없어! 나 온몸에 소름이 돋은 것 같아!"

"진정해, 조지. 이건 시작에 불과하니까. 우린 이제 승승장구할 일만 남았어."

존과 폴이 함께 작사, 작곡한 타이틀곡 〈Love Me Do〉가 처음 라디오 전파를 탄 순간이었다. 당시 사람들은 로큰롤이라 하면 함부르크 시절의 비틀스처럼 너덜너덜한 옷을 입고 산발을 한 사내들의 남성적인 음악을 떠올리곤 했다. 이때 느닷없이 버섯 머리를 하고 시골에서 올라온 귀여운 청년들이 정장을 맞춰 입고 달콤하고 발랄한 사랑 노래를 부르기 시작한 것이다. 사람들은 그들의 모습과 음악에 신선함을 느꼈고, 그 덕에 《Love Me Do》는 발표되자마자 영국 앨범 차트 17위에 올랐다. 비록 지역 방송이었지만 처음으로 TV에 얼굴을 비추게 된 것도 이때였다. 이제 비틀스는 리버풀과 함부르크에서만 유명한 밴드가 아니었다.

영국 No.1 밴드, 비틀스

기세를 몰아 그들은 바로 다음 곡을 녹음하기로 했다. 그런데 이때 비틀스 멤버들과 조지 마틴 사이에 언쟁이 벌어졌다.

"존, 리더인 자네가 멤버들을 좀 설득해 줘. 이 흐름에 〈How Do You Do It〉을 낸다면 자네들은 곧바로 스타가 될 거라고."

"조지, 우리에게도 더 좋은 곡들이 많은데 왜 남의 곡을 연주하라고 하는 거예요?"

"솔직히 말하자면,《Love Me Do》의 성적이 나쁜 것은 아니지만, 내가 처음 자네들에게 기대한 것은 이 정도가 아니었단 말이지. 지금은 모험할 시기가 아니야. 이미 사람들에게 알려진 곡을 부르는 것이 훨씬 더 안전하단 말이야."

"하지만 내키지 않아요."

"존, 프로듀서는 나야! 내 지시를 따르지 않는다면 다음 앨범은 나올 수 없을 거야!"

"…… 그렇게까지 말한다면 녹음하겠어요. 하지만 단 한 번이라도 우리가 쓴 곡을 들어 볼 순 없겠어요? 우리 곡이 정말 그 곡보다 못하다면 당신 의견에 순순히 따를게요."

"음, 그래. 그럼 어디 한번 연주해 봐."

멤버들이 녹음 부스에 들어가 연주를 준비하는 동안 조지 마틴은 심드렁하게 책상에 걸터앉아 턱을 괴고 있었다. 이윽고 멤버들의 경쾌한 연주가 시작되었다.

사랑에 빠진 어느 소년의 귀여운 투정 같은 이 노래 역시 존 레넌과 폴 매카트니의 작품이었다. 연주가 끝났을 무렵 조지 마틴은 자기도 모르게 벌떡 일어서 있었다.

"맙소사! 이 사람들, 용케도 이런 곡을 숨겨 두고 있었군. 이 곡의 제목이 뭐지?"

"Please Please Me!"

"대단한 곡을 만들어 왔군. 그래, 내가 잘못 생각했어. 인정하지. 자네들의 곡이 훨씬 나아. 어디 한번 자네들 마음대로 멋지게 녹음해 보라고!"

멤버들의 녹음을 지휘하며 조지 마틴은 몇 번이고 전율을 느꼈다. 열여덟 번 만에 녹음을 마치고 그는 녹음 부스로 연결된 마이크에 대고 호기롭게 말했다.

"첫 번째 1위 곡이 드디어 완성되었군! 축하해!"

이렇게 녹음된 두 번째 싱글 《Please Please Me》는 1963년 1월에 발표되었고 온갖 매체에서 비틀스의 신곡에 대한 호평을 쏟아 냈다. 런던의 공연장으로부터 러브콜이 쏟아져 이제는 리버풀보다 런던에 머무는 날이 더 많게 되었다. 2월에는 처음으로 영국 순회 공연까지 나서게 되었다. 심상치 않은 분위기 속에 첫 번째 정규 앨범의 녹음도 시작되었다. 공연과 녹음으로 눈코 뜰 새 없이 지내던 어느 날, 리버풀에 머물던 브라이언 엡스타인으로부터 전화가 걸려 왔다. 브라이언은 잔뜩 흥분한 목소리로 존을 불렀다.

"존! 봤어?"

"응? 무슨 말이야?"

"차트 말이야. 아직 못 본 거야?"

"아, 오늘 순위가 발표되는 날이구나. 아직 못 봤는데, 무슨 일이야?"

"존, 드디어 해냈어! 1위야! 1위라고!"

〈Please Please Me〉는 조지 마틴이 이야기한 것처럼 정말로 비틀스의 첫 번째 1위 곡이 되었다. 영국의 권위 있는 차트인 '뉴 뮤지컬 익스프레스'의 가장 높은 곳에 그들의 이름이 적힌 것이다. 비틀스 멤버들은 조지 마틴과 함께 펄쩍펄쩍 뛰며 기뻐했다. 리버풀에서, 함부르크에서 고생했던 시간이 주마등처럼 지나갔다. 리버풀도 열광의 도가니가 되었다. 수많은 사람이 자기 동네 출신 청년들이 영국에서 가장 인기 있는 곡의 주인이 되었다는 사실을 제 일처럼 즐거워했다. 그들은 또 다른 차트인 '멜로디 메이커'도 석권했으며, 전국 순회공연 무대는 연일 그들을 향해 부르짖는 환호성으로 가득 찼다.

이토록 기적 같은 성공은 세 남자의 혁신적인 발상 덕분이었다. 브라이언 엡스타인은 기존에 사람들이 가지고 있던 로큰롤의 남성적인 이미지를 벗어나 귀엽고 발랄한 로큰롤 소년들이라는 새로운 이미지를 창조해 냈다. 존 레넌은 멤버들의 반발에도 브라이언의 이러한 의견을 통 크게 받아들였을 뿐만 아니라, 그에 어울리는 명랑한 곡들을 써 냈다. 그리고 조지 마틴은 프로듀서 중심의 제작 방식에서 벗어나, 비틀스 멤버들이 자유로이 의견을 낼 수 있는 분위기에서 앨범을 만들도록 도왔다. 어찌 보면 사소할 수도 있었던 비범함이 모여 눈부신 결과를 만들어 낸 것이다.

존은 이에 만족하지 않았다. 이 무렵 존과 신시아의 아들 줄리언 레넌(Julian Lennon)이 태어났기 때문이었을까, 존은 더는 과거의 철부지가 아니었다. 이제는 유명 인사가 되어 스케줄도 늘고 순회공연도 계속되었지만 틈만 나면 곡을 썼다. 공연 직전까지 숙소 침대에 걸터앉아 폴과 함께 작곡에 매진하곤 했다. 재능에 성실성까지 더해지면 훌륭한 결과물이 나오게 되는 것은 불변의 진리이다. 이미 히트한 곡뿐만 아니라 끊임없이 새로운 노래를 선보이는 그들의 무대에 영국 전역은 점점 더 열광하게 되었다.

1963년 7월에는 비틀스의 또 다른 싱글 앨범 《She Loves You》가 발매되었는데, 그와 동시에 차트 순위표 꼭대기에 당당히 올라갔다. 또 발매 당일에 비틀스에게는 고향이나 다름없는 캐번 클럽에서 공연이 있었는데, 이것이 그곳에서의 마지막 공연이었다. 그들은 이제 리버풀의 비틀스가 아니라 영국의 비틀스라고 불러야 할 정도의 스타가 된 것이다.

아직도 많은 이들의 사랑을 받는 이 발랄한 노래에 영국의 소녀 관객들은 열광을 넘어서 광기에 가까운 반응으로 화답했다. 경호 없이는 공연 진행이 불가능해졌고, 비틀스의 일거수일투족이 뉴스가 되었다. 이 현상을 언론은 '비틀마니아' 현상이라고 불렀다.

미국을 삼킨 슈퍼 밴드

또 다른 야심

영국 최고 스타의 반열에 오른 존 레넌은 꿈같은 하루하루를 보내고 있었다. 영국의 내로라하는 유명 연예인, 예술인, 사업가들과 친분을 쌓게 되었고, 그와 신시아 그리고 아들 줄리언이 살고 있던 집 주변은 팬들로 인산인해를 이루었다. 출연하는 방송마다 화제가 되었고, 라디오만 켜면 비틀스의 노래가 흘러나왔다. BBC 방송국에서는 비틀스의 이름을 내걸고 라디오 프로그램을 제작하기도 했고, 영국 전역에서 출연 요청이 쇄도했다. 리버풀의 소년들이 어설프게 밴드를 결성하여 마을 축제 같은 곳에서 맥주나 얻어 마시며 공연하던 것이 불과 5년 전 일이었다. 짧은 시간 안에 그로서는 꿈도 꾸지 못했던 일들이 실제로 일어나고 있었다. 그러나 존은 여전히 만족하지 못했다. 영국에서 더는 올라갈 곳이 없다는 생각이 들자 그의 마음속에서는 새로운 야심이 꿈틀댔다.

영국의 음반 시장은 거대한 시장이었지만 세계 음악 시장의 중심이라 할 수는 없었다. 당시 음악계의 주류는 비틀스와 같은 로큰롤 밴드였고, 세계 음악 시장 역시 로큰롤의 본고장이라 할 수 있는 미국을 중심으로 돌아가고 있었다. 당시 많은 영국 밴드가 미국 진출을 시도했지만, 본고장의 밴드들을 제치고 성공적인 위치에 오르기란 쉽지 않았다. 영국의 모든 밴드에게 그랬듯 존 레넌에게도 미국 시장은 감히 진출하기는 두렵지만 그래도 한 번쯤 꿈꾸는 곳이었다.

"존, 비틀스도 언젠간 미국에 진출하겠지요?"

"뭐, 우리 곡이 미국 차트 1위에 오르면 한 번쯤 가 보죠."

미국 이야기가 나올 때마다 이렇게 너스레를 떨었던 것은 바로 그런 까닭이었을 것이다. 비틀스의 매니저인 브라이언 엡스타인 역시 같은 꿈을 꾸고 있었다. 처음 비틀스를 프로모션할 때, 많은 음반 회사들이 비틀스에 대해 의구심을 비추었지만, 그는 "두고 보세요, 이 친구들은 분명 세계적인 밴드가 될 겁니다. 엘비스 프레슬리보다 유명해질 녀석들이라고요."라고 큰소리를 쳤다. 그 호언장담을 현실로 만들어 내는 것이 그의 최종적인 목표였다.

미국에는 EMI의 자회사인 캐피털 레코드가 있었다. 브라이언은 역시 EMI의 자회사인 팔로폰 소속인 조지 마틴과 함께 끊임없이 캐피털 레코드에 접촉을 시도했다.

"글쎄요, 조금 망설여지는군요."

"이보세요, 비틀스는 지금 영국에서 최고입니다. 미국 시장에서도 틀림없어요."

"아시다시피 영국의 인기 있는 많은 팀이 그런 생각으로 미국에 도전했지요. 그래서 성공한 팀이 있었나요?"

"비틀스는 다를 겁니다. 놓치면 분명 후회할 겁니다."

"미안합니다. 저희의 생각은 달라요."

포기할 수 없었던 그들은 다른 소규모 음반사와 접촉하여 몇 장의 싱글을 발표하기로 했다. 그러나 넓은 미국 시장에 비틀스를 소개하기 위해서는 많은 자본이 필요했는데, 그들이 접촉한 회사들은 이를 감당할 수 없는 곳이었다. 제대로 된 홍보가 이루어지지 않은 탓인지 비틀스의 싱글 앨범들은 별다른 반향을 끌어내지 못했다.

"조지, 제 생각에는 아무래도 다시 캐피털과 접촉을 해야 할 것 같아요."

"음, 내 생각도 그래요, 브라이언. 그 정도 규모의 회사 중에 그나마 우리와 연락이 닿는 곳은 캐피털밖에 없으니까요."

"어떻게 그들을 설득하죠?"

"EMI를 움직입시다. 아무리 그들이 고집이 세다고 한들 모기업을 거역하긴 어려울 겁니다."

"아! 그런 수가 있군요!"

두 사람은 EMI 본사에 비틀스의 미국 진출을 건의했다. 마침 EMI 측은 영국 시장에서 비틀스가 활약하는 모습을 유심히 지켜보고 있었던 터라 이를 흔쾌히 수락했다. 그들의 예상대로 캐피털 레코드도 처음의 고집을 철회할 수밖에 없었고, 그렇게 비틀스의 《I Want To Hold Your Hand》가 미국 시장에 발표되었다.

당시 미국인들은 로큰롤 하면 엘비스 프레슬리를 떠올렸다. 포마드를 발라 높게 올린 머리에 뺨까지 기른 구레나룻, 가슴을 풀어헤친 관능적인 의상 등이 로큰롤의 이미지였다. 그런 미국인들에게도 귀여운 버섯 머리 소년들이 양복을 빼입고 사랑을 속삭이는 모습은 역시 신선하게 느껴졌을 것이다. 드디어 영국에서와 마찬가지의 현상이 일어나기 시작했다. 그리고 1964년 새해가 밝았을 무렵, 미국의 대중들은 이 곡을 3주 만에 미국 차트 1위에 끌어올렸다. 혜성처럼 나타난 영국 밴드가 미국 시장을 석권한 사실에 미국과 영국뿐만 아니라 전 세계의 언론이 들썩였고 세계 각지에서 비틀스의 음악이 소개되었다. 어쩌면 허풍으로 하던 '세계적인 밴드가 될 것'이라는 말이 현실이 된 것이었다. '미국 차트 1위 곡이 생기면 미국을 방문하겠다.'라고 말하던 존 레넌에게도 그 일이 실제로 일어났다는 사실은 쉽게 믿기지 않았다.

비틀스, 미국 상륙

1964년 2월 7일, 비틀스 멤버들은 브라이언 엡스타인과 함께 드디어 미국행 비행기에 올랐다. 그들은 무척 설레고 기뻤지만, 한편으로는 불안했다.

"존, 나는 아직도 믿어지지 않아. 정말 우리가 미국에서 인기가 있는 걸까? 아니, 미국 사람들이 정말로 우리를 알기라도 하는 걸까?"

"그러게. 공항에 도착했을 때 아무도 없더라도 당황하지 말자고, 조지."

"링고, 네 생각은 어때?"

"나도 어쩐지 불안해. 그냥 우리 영국과 같은 반응은 기대하지 않는 게 좋을 것 같아."

이윽고 비행기는 뉴욕의 케네디 공항에 착륙했다. 떨리는 마음으로 비행기에서 내려 공항에 도착했을 때, 존과 비틀스 멤버들은 자신들의 눈 앞에 펼쳐진 광경을 도저히 믿을 수가 없었다. 무려 3천여 명의 팬들이 케네디 공항을 가득 메우고 기다리고 있다가 그들이 등장하자마자 일제히 소리를 지르기 시작한 것이다. 멤버들의 이름을 연호하고, 그들의 노래를 부르기도 하다가 더러는 눈물을 보이는 팬들도 많았다. 겨우 공항에서 빠져나와 도착한 호텔에서도 이 열기는 식지 않았다. 이번에는 5천여 명의 팬이 호텔 주변을 에워싸고 있었다. 오히려 영국에서보다 뜨거운 반응에 비틀스는 비로소 자신들이 미국에서 이미 스타가 되어 있음을 실감할 수 있었다.

미국에 도착한 다음 날에는 〈에드 설리번 쇼〉에 출연하게 되었다. 몇 달 전 브라이언 엡스타인은 미리 미국으로 건너가서 당시 최고의 인기 프로그램이었던 〈에드 설리번 쇼〉에 비틀스를 출연시키기 위해 진행자인 에드 설리번을 가까스로 만났다. 에드 설리번은 영국에서나 유명했던 비틀스를 출연시키는 것을 망설였지만, 브라이언 엡스타인의 끝없는 열정에 하는 수 없이 출연을 허락했다. 그리고 불과 몇 달이 지났을 뿐인데, 녹화를 위해 스튜디오를 찾은 비틀스는 더는 어떤 의구심을 가질 필요 없는 슈퍼스타가 되어 있었다. 이날 방송은 무려 7천 3백만 명이 시청했고, 지금도 20세기 최고의 쇼로 회자하고 있다.

미국에서의 연이은 공연을 모두 매진으로 장식하며 승승장구하던 그들은 2월 12일에는 그 유명한 카네기홀에서 공연하기에 이르렀다. 티켓은 이미 보름 전에 판매를 시작하자마자 매진된 상태였다. 홀을 가득 메운 관객들의 뜨거운 열기는 미국 전역이 얼마나 그들에게 열광하고 있는지를 그대로 보여 주는 것 같았다. 2월 21일 출국하기까지, 미 대륙은 이 네 명의 사내로 인해 그야말로 용광로와 같은 열기로 들썩였다. 이는 다른 영국 밴드들의 미국 진출로 이어졌다. 영국 밴드들이 미국 시장에서 일으킨 이 돌풍을 언론은 '브리티시 인베이전(영국의 침공)'이라고 불렀다.

비틀스는 이제 미국을 넘어 전 세계를 뒤흔드는 밴드가 되었다. 유럽과 오세아니아, 아시아를 아우르는 규모의 월드 투어를 성공시킨 그들의 인기는 하늘을 찌를 듯 점점 더 치솟았다. 어딜 가건 카메라 플래시 세례를 받았고, 그들의 집과 사무실, 심지어 부모님의 집 주변도 언제나 그들을 한 번이라도 보고자 하는 팬들로 인산인해를 이루었다. 날아드는 편지와 선물의 양도 트럭에 다 싣지 못할 정도로 쌓였고, 그들의 얼굴이나 로고가 박힌 온갖 상품이 불티나게 팔렸다. TV와 라디오에 출연하는 것은 일상이 되었고, 그들의 일상을 다룬 영화까지 개봉하여 대단한 흥행을 거두기도 했다.

마음속의 그림자

존의 생활은 정말 천지가 개벽한 듯 바뀌었다. 그동안 습작처럼 써 내려간 단편 소설들이 『In His Own Write』라는 이름으로 출간되어 베스트셀러가 되었다. 음악계와 문학계가 동시에 주목하는 아티스트 대접을 받게 된 존은 어리둥절할 뿐이었다. 더는 미미 이모나 브라이언 엡스타인의 집에 얹혀살 필요도 없게 되었다. 방이 무려 27개나 되는 저택을 사들여 신시아와 줄리언이 머물도록 했고, 운전기사와 가정부까지 고용했다. 상상도 못 했던 부와 명예를

거머쥔 그였다. 하지만 어쩐지 마냥 행복해 보이지만은 않았다.

그는 낮에는 연이은 스케줄로 눈코 뜰 새 없이 바빴고, 밤에는 스튜디오에 틀어박혀 날이 샐 때까지 음악 작업을 했다. 너무나도 갑작스레 찾아온 영광이었기에 언제라도 자신을 떠날 수 있으리라 생각했고, 그래서 더욱더 자신을 다그칠 수밖에 없었다. 저택이 있다고 해도 집에 있을 수 있는 시간이 거의 없었고, 집에 도착해서도 불 꺼진 침실에서 잠만 잘뿐이었다.

어느 날 거울을 들여다보던 존은 갑자기 서글픈 마음이 들었다. 단지 음악을 사랑했을 뿐이었던 리버풀의 반항아는 온데간데없고, 대중 매체와 자본이 만들어 낸 귀엽고 말끔한 TV 스타가 있을 뿐이었다. 그것은 어쩐지 자신의 본 모습이 아닌 것 같았다. 옛날에는 정말로 신나서 노래했던 것 같은데, 이제는 대중들이 원하는 모습으로 가식을 부리는 광대가 된 기분이었다. 성공하면 행복하게 해 주리라 마음을 먹었던 아내와 아들과 보낼 시간조차 없었다. 원하던 대로 세계 최고의 음악가가 되었고 어마어마한 부를 거머쥐게 되었지만, 그 대가로 자신의 진정한 삶을 팔아 버리고 만 것 같은 기분이 들었다. 그러나 그런 기분에 오래 사로잡혀 있을 여유도 그에게는 없었다. 1964년의 존 레넌은 이런 허무한 생각들이 들 때마다 세차게 고개를 흔들어 지워 버린 채 다시 경주마처럼 달려 나가곤 했다.

3장

불후의 서정시

빛과 그림자

밥 딜런

1964년 미국 순회공연 중의 어느 날, 존 레넌에게 중요한 만남의 기회가 주어졌다. 당대 최고의 포크 가수이자 미국 청년들이 자유의 상징으로 여기던 시대의 아이콘, 밥 딜런(Bob Dylan)을 만나게 된 것이다. 그는 수십 년 뒤 대중음악 가수로서는 최초로 노벨 문학상을 받기에 이르렀는데, 당시에도 그의 빼어난 가사는 호평을 받고 있었다. 존 레넌 역시 문학적인 비유와 상징으로 개인적인 서정뿐만 아니라 사회와 현실 정치에 대한 비판까지 담아내는 밥 딜런의 가사에 심취해 있었는데, 그가 비틀스 멤버들에게 먼저 만날 것을 요청한 것이다. 공연을 마치고 멤버들은 밥 딜런이 머무는 어느 호텔로 향했다. 두근대는 마음으로 문을 열자 TV에서나 보던 밥 딜런이 환하게 웃으며 그들을 맞이했다. 반갑게 인사를 나눈 뒤 그들은 함께 와인을 마시기 시작했다.

"난 사실 처음에는 자네들이 마음에 들지 않았어. 사상이라곤 없는 애들 장난 같은 밴드라고 생각했지. 그런데 눈부시게 성장하는 자네들을 좀 더 유심히 지켜보니 그게 내 착각일 수 있겠다는 생각이 들었어. 내면에 꿈틀대는 뭔가가 있을지도 모르겠다는 생각 말이야. 오늘 이렇게 만나 보니 정말 자네들은 심상치 않은 사람들이군. 가볍게 음악을 하는 친구들이 아닌 것 같단 말이지."

밥 딜런의 호의적인 태도에 비틀스 멤버들은 잔뜩 신이 났다. 밥 딜런은 이야기를 이어 가다가 서랍을 뒤져 무언가를 꺼내 왔다. 꺼내 온 물건 중 하나를 입에 물고는 나머지 것을 멤버들에게 건넸다.

"자네들, 혹시 이거 좋아하나?"

"밥, 이게 뭐죠?"

"하하, 천하의 비틀스도 결국은 그저 순진한 청년들이었나? 이걸 처음 본단 말이야?"

밥이 건넨 것은 마리화나였다. 지금까지 접해 보지 않은 마약류를 호기롭게 건네는 밥 딜런을 보며 멤버들은 우물쭈물했지만, 링고 스타가 가장 먼저 마리화나를 받아 피우기 시작하자 다른 멤버들도 더는 망설이지 않았다. 그들은 밤이 새도록 와인과 마리화나에 취해 온갖 이야기들을 나누었다.

때때로 술과 여자들에 대한 집착 때문에 문제를 일으키곤 했지만, 그래도 마약류에까지는 손을 잘 뻗지 않았던 존이었다. 그러나 눈부신 성공 이면에 짙게 깔린 고민과 우울로 괴로워하던 그였기에 밥 딜런의 유혹에 손쉽게 넘어가고 말았다. 이를 시작으로 존이 끊임없이 마리화나를 탐닉하게 되었다는 점을 생각해 보면 이 만남은 존에게 해로운 사건이었을 수도 있다. 그러나 이날 존은 다른 곳에서는 배울 수 없는 것들을 배우기도 했다. 밤을 지새우며 나눈 대화 속에서 존은 앞으로 어떤 방향으로 노래 가사를 써 나갈 것인가에 대해 깨달았다. 여태까지의 가사는 단지 대중의 사랑을 받기 위한 수단이었지만, 앞으로는 거기서 더 나아가 자신의 진실한 마음, 내면 깊은 곳의 고독과 우울, 세상을 바라보는 시각과 오래전부터 축적해 온 깊이 있는 사상들을 있는 그대로 담아내기로 마음먹은 것이다.

세상 모두의 박수와 환호를 받게 된 스타였지만 그는 언제나 그 모든 것이 그저 빈껍데기 같기만 했다. 세상은 자신을 순수한 영혼의 소년으로 여기고 있었지만, 사실은 공연이 끝나자마자 술에 취해 여자들과 방탕한 시간을 보내며 밤을 지새우는 한량이었다. 이러한 괴리 속에서 자신은 단지 자본과 대중 매체의 요구에 맞춰 이야기하고 노래하는 꼭두각시가 된 것만 같았고, 세상 모두가 어쩌면 자신을 속이고 있는 것인지도 모른다는 의심이 들기도 했다. 이러한 혼란에서 벗어나기 위해서는 뚜렷한 정체성이 필요하다. 그는 진정한 의미에서의 예술가라는 정체성이 어쩌면 그를 구원할 수 있을지도 모른다는 희망을 품게 되었다. 훗날의 이야기이지만 이러한 생각은 비틀스의 활동뿐만 아니라 해체 이후 존 레넌의 삶에도 커다란 영향을 미치게 된다.

비틀스는 예수보다 위대하다

1965년 6월, 영국 왕실은 전 세계에 국가의 명예를 드높인 공을 높이 사 비틀스 멤버들에게 훈장을 수여했다. 대중음악인으로서는 최초의 일이었고, 수많은 반발이 뒤따랐음에도 불구하고 왕실은 그들의 업적을 치하했다. 앨범은 나오는 족족 대성공을 거두었다. 그해에 나온 열 번째 앨범까지 모든 앨범이 발매와 동시에 1위에 오르는 놀라운 기록을 세웠다. 영국과 미국을 비롯하여 전 세계를 누비며 순회공연을 다녔다. 더 오를 곳이 없어 보이는 가운데 다시 더 높은 곳으로 오르기를 반복할수록, 더욱 찬란한 영광이 그들에게 다가올수록 존 레넌의 마음속 어둠은 깊어졌고, 억눌러 왔던 반항심이 조금씩 고개를 들기 시작했다.

존은 왕실로부터 받은 훈장을 미미 이모의 집 한구석에 처박아 버렸다. 순회공연 중에는 술과 마리화나에 찌들어 수많은 여자와 방탕한 나날을 보냈다. 나중에는 마리화나나 대마초보다 훨씬 강력한 약물인 LSD에까지 손을 댔고, 그로 인해 신시아와의 관계마저 나빠졌다. 언론을 다루는 태도도 점차 반항적으로 변해 갔다.

"존, 비틀스의 성공 비결은 도대체 무엇일까요?"

"별거 없어요. 유능한 마케팅 담당자를 고용하면 돼요."

"노래를 한 곡 부탁드려도 될까요?"

"노래를 듣고 싶으면 돈부터 내요."

"훈장을 받은 소감을 말씀해 주세요."

"뭐, 우리가 돈벌이를 잘했기 때문이겠지?"

그의 발언은 위험했고 그에 반해 영향력은 막대했다. 존 레넌의 입에서는 논란과 환호 사이의 외줄을 타듯 위태로운 말들이 쏟아져 나오곤 했다. 1966년 3월, 끝내 세계를 뒤흔들 위험한 발언을 내뱉어 엄청난 파문을 일으키게 된 것은 사실 예견된 것이었다. 영국의 한 잡지사가 그를 인터뷰하던 중에 존은 지금까지도 기억되는 희대의 문제적 발언을 했다.

"기독교는 언젠가 사라지고 말걸요? 예수의 바보 같은 제자들이 결국은 기독교를 없애 버리고 말 거예요. 아마 로큰롤이 더 오래 살아남겠죠. 비틀스는 예수 그리스도보다 유명해요."

이 발언은 종교 집단의 시대착오적인 면을 비판하기 위한 것이었다. 대중 매체의 힘이 점차 강해지는 데 비해 종교는 대중들의 변화를 따라가지 못하고 결국 그 영향력을 모두 잃게 될지도 모른다는 의미로 한 이야기였다. 정작 영국에서는 한 젊은 아티스트의 소신 있는 발언쯤으로 대수롭지 않게 넘어갔던 이 발언이 뜻밖에 미국에서 문제가 되었다.

사람이 하는 대부분의 이야기는 그 앞뒤 맥락에 따라 다르게 해석되곤 한다. 그렇기 때문에 전후의 맥락 없이 어떤 문장만을 기재해 놓는 것은 그 이야기에 대한 오해를 불러일으키는 경우가 많다. 미국의 한 잡지가 존 레넌이 한 발언을 그런 식으로 실었다. 미국의 대중들은 전후 맥락에 대한 어떠한 설명 없이 "비틀스는 예수보다 유명하다." 더 나아가 "비틀스는 예수보다 위대하다."라는 문장만을 접했고, 이는 마치 존이 예수 그리스도를 깎아내리기 위해 내뱉은, 신성 모독 발언인 것처럼 곡해되어 파장을 일으켰다.

종교적으로 엄격한 미국 남부 지역에서 대규모의 비틀스 반대 집회가 일어났다. 목사들이 나서서 비틀스의 음악을 접하지 말 것을 종용하였고, 사람들은 비틀스의 음반을 모아 분쇄기에 갈아 버리거나 태워 버리곤 했다. 존은 처음에는 이러한 현상을 단지 하나의 해프닝으로 받아들였다.

"내버려 둬요. 저렇게 많은 음반이 불에 타고 있다는 게 무슨 뜻이겠어요? 우리 음반이 저렇게나 많이 팔리고 있다는 이야기잖아요. 음반을 산 다음에야 듣건 태우건 저들의 자유죠."

그러나 상황은 걷잡을 수 없이 커지고 있었다. 로큰롤의 원류가 흑인 음악이었다는 이유로 반비틀스 운동에 백인 인종차별주의자들이 가세했다. 극우 정치 단체에서는 비틀스를 좌파의 상징으로 규정하며 이 논란을 좌우간의 이념 대립으로 확장했다. 공연장 주변에서는 매번 극우 단체의 시위가 이어졌고 비틀스 멤버들은 신변의 위협까지 느끼게 되었다. 상황이 이렇게 되니 제아무리 자존심이 강한 반항아 존 레넌이라 할지라도 더는 여유를 부리고 있을 수만은 없었다.

"제 말은 단지 하나의 예를 든 것뿐이었어요. 분명히 잘못 전달된 부분들이 있었을 겁니다. 저는 신이나 종교를 반대하지 않습니다. 단지 그들에 대한 잘못된 해석들을 비판하고 싶었을 뿐입니다. 반종교적인 의도는 결코 없었습니다."

"그래서, 사과한다는 말씀입니까?"

"제 사과로 이 사태를 수습할 수만 있다면…… 사과하겠습니다."

종교 단체들은 이 사과를 받아들였고 사태는 수습 국면에 접어들었다. 그러나 자신의 의도와는 전혀 다른 방향으로 퍼져 나간 말에 자존심을 굽히고 사과를 해야 했던 사건은 존 레넌에게 커다란 상처를 안겨 주었다. 이러한 상황 속에서도 공연은 강행되었고, 존은 끊임없이 원치 않는 무대에 억지로 올라야 했다. 더는 이렇게 지낼 수 없다는 생각이 머릿속을 떠나지 않았고, 존은 깊은 고민에 빠져들었다. 어느 날 공연을 마치고 존은 어려운 이야기를 꺼냈다. 비틀스의 공연 활동을 잠시 중단하자는 것이었다. 첫 앨범을 낸 이후로 수년간 쉼 없이 달려온 비틀스였다.

"비틀스를 그만두자는 게 아니야. 그냥 잠시 쉬어 가자는 거지. 우리 스스로 무언가를 결정하고 해낸 지 얼마나 오래됐는지 생각해 봐. 이렇게 아무 생각 없이 공연만을 반복하면서 사는 게 무슨 의미가 있겠어?

"하지만 존, 지금 멈추면 다시 지금의 위치에 오를 수 없을지도 몰라. 그리고 난 잠시라도 비틀스를 벗어나 살아갈 준비가 되어 있지 않다고."

존의 의견에 다른 멤버들은 동의했지만, 폴은 지금은 그럴 시기가 아니라며 반대를 했다. 매니저 브라이언 엡스타인 역시 그의 모든 것을 바쳐 정상에 올려 둔 비틀스를 잠시 놓아둘 준비가 되어 있지 않았다. 그러나 막연한 두려움에 휩싸여 있었을 뿐, 폴 역시 지쳐 있기는 마찬가지였다. 결국 그도 존의 의견에 동의하게 되었고, 모든 멤버의 의견이 일치하게 되자 브라이언 역시 그들의 활동 중단을 허락할 수밖에 없었다. 1966년 8월 29일, 비틀스는 샌프란시스코 공연을 마지막으로 공연 활동을 잠정 중단하게 되었다.

운명의 수레바퀴

'비틀스' 밖에서

1962년 이후 거의 5년 가까이 네 명의 멤버들은 비틀스라는 울타리 밖으로 벗어나 본 일이 없었다. 대부분의 시간을 순회공연과 앨범 녹음으로 보냈고, 갑작스레 대중 매체와 대중들로부터 어마어마한 관심을 받게 되며 비틀스 활동 이외의 삶에 대해서는 생각해 볼 겨를조차 없었다. 그러다 갑자기 휴가가 주어졌다. 잠시나마 세계적인 밴드 비틀스가 아니라 존 레넌, 폴 매카트니, 조지 해리슨, 링고 스타라는 이름의 네 청년으로 돌아가게 된 것이다. 이들은 홀가분한 한편 황망하고 두려운 기분을 동시에 느꼈다. '비틀스가 아닌 나는 이제 무얼 해야 한단 말인가.' 하는 고민이 시작되었다.

그리고 그들은 모두 그동안 자신들에게 결핍되어 있던 것들을 찾아 떠났다.

조지 해리슨은 그동안 팀의 리드 기타리스트로서 음악적인 부분에서의 부족한 부분을 뼈저리게 느끼고 있었다. 존과 폴이 작사와 작곡에 기여하는 바가 큰 만큼 자신은 그들과는 다른 차원의 연주 실력과 폭넓은 음악적 스펙트럼을 갖추어야 했다. 그는 부인과 함께 새로운 음악을 찾아 인도의 뭄바이로 떠났다. 거기서 민속 음악가인 라비 샹카르를 만나 기타와 유사한 인도 전통 악기인 시타르를 배웠고, 인도의 역사와 문화를 비롯해 철학에 대한 공부도 심도 있게 해 나갔다.

링고 스타는 이 기간 내내 가정에 충실하기로 마음먹었다. 아내인 모린과의 사이에는 태어난 지 얼마 안 된 아들인 잭이 있었다. 링고는 아이가 태어날 때 함께하지 못한 것에 대해 항상 미안한 마음을 갖고 있었다. 모처럼 맞이한 휴가 기간 동안 고향으로 돌아가 아내와 아들과 함께 평화로운 시간을 보내며 원 없이 휴식을 즐겼다.

마지막까지 활동 중단을 반대한 폴 매카트니는 여전히 에너지가 많이 남아 있었다. 2주 정도의 짧은 여행으로 휴가를 마무리하고 곧바로 새로운 일을 찾아 나섰다. 이번 일을 통해 자신이 언제까지나 비틀스의 멤버로서만 살아갈 수 없다는 것을 깨달은 그는 자신의 창작 영역을 넓히는 데에 시간을 투자했다. 끊임없이 작곡에 몰두하기도 했지만 새로운 분야인 영화에 대해 공부를 하기도 했고, 그 결과로 〈The Family Way〉라는 영화의 사운드 트랙을 만들기도 했다.

　존 레넌은 이 무렵 사회적·정치적 이슈들에 깊은 관심을 두고 있었다. 밥 딜런과의 만남을 통해 사회적인 메시지를 소신 있게 전달하며 세상을 변화시키는 아티스트의 새로운 역할에 눈을 뜨게 되었다. 당시 최대의 이슈는 베트남 전쟁이었다. 미국이 베트남 전쟁에 개입하는 문제로 그의 활동 무대였던 미국 전역이 들썩이고 있었다. 그는 이미 당시의 대중 가수로는 이례적으로 공식 기자 회견을 통해 미국의 베트남 전쟁 참전에 대한 반대 의견을 피력한 적이 있었고, '예수보다 위대하다'는 발언으로 곤욕을 겪기 직전까지 인터뷰할 때마다 이러한 이야기를 반복해서 전달하곤 했다. 그런 그에게 반전의 메시지를 담은 영화 〈How I Won The War〉에의 출연 제안이 들어왔다. 사실 영화를 찍는 것을 좋아하지는 않는 그였지만, 전쟁에서의 죽음이 얼마나 비참한 것인가를 알리기 위한 영화였기에 힘을 싣기로 했다. 그는 병사 '그리프위드' 역할을 맡았는데, 이 배역은 항상 동그란 안경을 쓰고 나오는 것이 특징이었다. 존은 그것이 마음에 들었는지 이후에도 지속해서 동그란 안경을 썼고, 이는 오래도록 존 레넌의 트레이드마크로 기억되었다.

오노 요코

영화 촬영을 마친 후에 존 레넌은 음악과 영화뿐만 아니라 다양한 분야의 예술 장르에 관심을 가지게 되었다. 그는 자신이 애초에 미술학도였다는 사실을 기억해 내고 영국의 많은 예술가들과 교류하며 여러 곳의 화랑을 찾아다녔다. 1966년 11월에는 가수 마리안느 페이스풀의 남편 존 던바가 운영하는 '인디카 갤러리'라는 화랑을 방문하게 되었다. 그곳에서는 다음 날 개막하는 아방가르드 미술 전시회의 준비가 한창이었고 존은 그 작품들을 미리 둘러볼 수 있었다. 어찌 보면 기괴하고 어찌 보면 우스꽝스럽기도 한 전위적인 설치 작품들이 가득하던 화랑을 흥미롭게 살펴보던 존은 한 작품 앞에서 발길을 멈췄다. 사다리를 타고 올라가 반대편 벽의 틈새에 있는 캔버스의 작은 글씨를 망원경으로 볼 수 있게 만들어 놓은 작품이었다. 사다리를 타고 올라가 망원경을 붙들고 유심히 바라보니 검은 캔버스에는 단지 'Yes'라는 글자가 적혀 있었다. 조금 허무한 느낌이 들었지만, 다시 생각해 보니 재기 발랄한 작품이라는 생각이 들었고, 또 한편으로는 세상에 대한 긍정적인 시각을 이토록 재치 있게 표현해 낸 작가가 누구인지 궁금증이 생겼다.

"던바 씨, 이 작가는 어떤 사람인가요?"

"뉴욕에서 온 동양인 여성인데…… 아, 저기 있네요. 요코!"

갤러리 한편에서 전시 작품들을 꼼꼼히 점검하던 한 동양인 여성이 고개를 돌렸다. 그녀가 바로 존의 영원한 연인이자 뮤즈, 예술적 동반자이자 정치적 동지이기도 했던 여인, 오노 요코(Ono Yoko)였다. 일본의 부유한 집안에서 태어나 뉴욕으로 이주하여 거기서 전위 예술을 시작했던 그녀는 새로운 도전을 위해 얼마 전 런던에 도착한 참이었다. 검은 머리를 길게 기른 그녀가 천천히 다가와 존에게 눈인사를 건넸다.

"요코, 이쪽은 존 레넌. 비틀스는 당연히 알겠지요?"

"처음 뵙겠습니다. 존 레넌입니다."

"아. 네, 반갑습니다. 오노 요코입니다."

"요코, 존에게 작품들 좀 설명해 줄 수 있겠어요?"

사실 그녀는 비틀스에 대해 잘 알지 못했다. 멤버 중에서 링고 스타의 이름만 어렴풋이 떠올릴 수 있는 정도였다. 그러나 그가 유명 인사라는 것 정도는 던바의 태도로 미루어 짐작할 수 있었다. 영향력 있는 사람에게 자신의 작품을 설명하는 건 흔치 않은 기회였기에 그녀는 흔쾌히 자신의 작품을 설명하기 시작했다. 두 사람은 또다시 어느 작품 앞에 멈춰 섰다. 널빤지에 체인이 감겨 있고, 그 체인에는 망치가 달려 있었다.

"이건 어떤 작품인가요?"

"관객이 직접 참여할 수 있는 작품이에요."

"어떻게요?"

"여기 쌓여 있는 못을 이 망치로 널빤지에 박는 거죠."

"아, 제가 한번 해 보고 싶은데요."

"미안하지만 그건 안 돼요. 아직 전시가 시작되지 않았으니까요."

"어차피 내일이면 누군가 못을 박을 텐데. 그러지 말고 제가 한 번 해 보면 안 될까요? 그 대신 제가 돈을 낼게요."

"음…… 그럼 5실링을 내세요."

"자, 여기 눈에 보이지 않는 5실링을 줄게요. 이제 나도 눈에 보이지 않는 못을 박아 볼게요."

빈손을 요코에게 건넸던 존은 망치를 들고 못을 박는 시늉을 하기 시작했다. 이번에는 요코가 존의 표현 방식에 감탄했다. 그런 괴짜 같은 모습과 재치 있는 행동들이 어쩐지 자기 자신과 아주 많이 닮아 있다는 느낌을 받았다. 그날 두 사람은 서로의 예술관에 대해 깊은 대화를 나누었다.

"요코, 당신은 정말 대단한 것 같아요. 미술 말고도 관심 있는 분야가 있나요?"

"음악이요. 언젠가는 제 레코드를 꼭 내고 싶어요."

"아주 잘됐네요. 그럼 내가 당신을 후원할게요. 앞으로 열릴 전시 비용을 대 줄게요. 나는 레코드 회사도 갖고 있으니 앨범도 만들어 주겠어요."

파격적인 제안을 하고 떠난 존에게서는 특별한 연락이 없었지만, 이는 대단한 기회였기 때문에 요코는 며칠 뒤 먼저 존에게 연락했다. 그렇다고 해서 요코가 움츠러든 태도로 연락을 한 건 아니었다. 요코는 마치 대중음악을 하는 비틀스보다 순수 예술을 하는 자신이 훨씬 우월하다는 듯 자신감 넘치는 태도로 일관했다. 존은 요코의 그런 당당한 태도를 높이 샀고, 둘은 자주 전화와 편지로 이야기를 나누게 되었다. 그러나 이것은 아직까지는 서로에 대한 연애 감정은 아니었다. 존에게는 여전히 신시아와 줄리언이 있었고, 두 번이나 이혼을 한 적이 있는 요코 역시 섣부르게 존에게 연애 감정을 지닐 수는 없었다. 그때까지 둘은 단지 예술가와 후원자 그리고 예술에 관해 이야기를 나누는 친구일 뿐이었다.

희대의 명반

새로운 싱글 앨범

1966년 11월, 각자의 시간을 보내던 비틀스 멤버들이 스튜디오에 다시 모였다. 이제 다시 본연의 모습으로 돌아와 새로운 앨범을 기획해야 할 때였다. 정규 앨범을 내기 전 두 곡을 먼저 녹음해서 발표했는데, 바로 〈Strawberry Fields Forever〉와 〈Penny Lane〉이었다. 여느 때와 마찬가지로 두 곡은 모두 '레넌-매카트니 작사·작곡'으로 발표되었지만 사실 〈Strawberry Fields Forever〉는 존 레넌의 작품이었고, 〈Penny Lane〉은 폴 매카트니가 만든 곡이었다. 두 곡은 둘의 협업으로 나온 결과물이 아니라 각자의 작품이라는 것을 명확히 알 수 있을 정도로 색채가 달랐다. 폴의 작품은 대중들이 좋아할 만한 친근하고 밝은 멜로디가 특징이었던 반면, 존은 얼핏 듣기에도 어둡고 우울한 멜로디와 내용을 쉽게 파악하기 어려운 가사를 내놓았다.

'스트로베리 필즈'는 리버풀 울튼 마을의 한 보육원이었다. 그곳 앞마당은 유년 시절 존이 뛰어놀던 곳이었다. 존은 현실에 지치고 때 묻은 자신을 순수한 시절로 되돌려 놓는 향수 어린 공간으로 그 장소를 등장시킨 것이었다. 염세적이고 현학적이며 상징적인 가사는 휴식 기간 동안 접했던 초현실적인 문학과 미술 작품들의 영향을 받은 것이었다. 대중들의 인기를 한 몸에 받는 비틀스의 존 레넌이 아니라, 문학과 미술 속으로 파고들며 방황하던 시절의 존 레넌으로 돌아가 노래를 완성한 것이었다. 이것은 존이 여전히 스타로서의 삶에 지쳐 있었다는 증거인 셈이었다.

폴은 존과는 달리 자신의 상황을 평온하게 받아들였다. 덕분에 휴식 기간도 길게 갖지 않은 채 홀로 대중적인 음악 활동을 이어 갔고, 언제나 그랬듯 따뜻하고 서정적인 음악을 만들어 낼 수 있었다. 이러한 차이로 인해 전혀 다른 분위기의 두 곡이 한데 묶여 하나의 앨범에 실리게 된 것이다.

존과 폴 그리고 프로듀서인 조지 마틴은 고민에 빠졌다.

"존, 폴. 솔직히 말해서 두 곡 다 우열을 가릴 수 없을 만큼 좋아. 그렇지만 너무 다른 느낌이어서 이 둘을 그대로 묶는 건 무리야."

"새로운 소리를 도입해 보는 건 어떨까요?"

"그게 무슨 말이지, 존?"

"기타, 피아노, 베이스, 드럼에서 벗어나서 새로운 악기들로 아예 낯선 분위기를 만드는 거예요."

"아예 새로운 음향을 도입해서 둘의 이질감을 눈치채지 못하게 하자는 의견 같군. 폴, 자네의 의견은 어때?"

"좋은 의견 같아요! 다음 새 앨범도 그런 식으로 작업할 수 있다면 전무후무한 작품을 만들 수 있을 것 같은데요?"

두 곡이 동시에 발매된 것은 대중들의 인기를 분산시켰다. 비틀스가 발매한 싱글 중 1위를 기록하지 못한 앨범은 이 앨범뿐이었다. 그러나 존과 폴에게 이는 전혀 중요하지 않았다.

페퍼 상사

싱글 앨범은 비록 1위를 차지하지는 못했지만, 존과 폴에게 새로이 나아갈 길을 제시했다.

"폴, 나 사실 그동안 많이 힘들었어. 뻔한 음악과 뻔한 연주. 무대 위에서 웃고 있었지만 나는 그냥 춤추는 밀랍 인형이 된 것 같았어."

"나도 사실 그랬는데 이번 싱글 앨범을 내고 나서 마음이 아주 편해진 것 같아."

"너도 그랬어? 나도 이제야 우리가 뭘 해야 할지 알 것 같아! 1위

같은 건 이제 하나도 재미없어. 나는 새로운 걸 만들고 싶어."

"그래, 완전히 새로운 것. 아무도 하지 않은 것. 우리가 꼭 로큰롤만 고집할 필요는 없잖아?"

폴이 먼저 앨범에 대한 아이디어를 가져왔고, 존은 그에 질세라 작곡에 매달렸다. 주도적인 역할을 하지는 않았지만 조지 해리슨과 링고 스타 역시 이전과는 다른 모습을 보여 주었다. 조지 해리슨은 시타르를 비롯하여 인도에서 배워 온 전통 악기를 연주하기도 했고, 링고 스타 역시 드럼뿐만 아니라 다양한 타악기들을 가져와 연주했다. 앨범의 제작을 총괄하고 흥행을 책임져야 할 조지 마틴의 역할도 중요했다. 이번만큼은 흥행 여부보다는 비틀스 멤버의 창의성을 바탕으로 새로운 음악을 구현해 내는 데 중점을 두기로 마음먹고, 그들이 원하는 소리를 구현할 수 있도록 전폭적인 지원을 했다. 덕분에 그들은 로큰롤뿐만 아니라 클래식, 재즈 그리고 당시에는 무엇이라 정의 내릴 수 없었던 새로운 장르까지 한 앨범에 녹여낼 수 있었다.

앨범은 9개월을 매달린 뒤에야 완성되었다. 다른 앨범들을 만드는 데 걸린 시간보다 세 배가 더 걸린 셈이다. 다양한 악기들과 대규모 오케스트라까지 동원된 탓에 예산 역시 기존 앨범과는 비교도 할 수 없을 만큼의 액수가 투입되었다. 그렇게 탄생한 것이《Sgt. Pepper's Lonely Hearts Club Band》, 이른바《페퍼 상사》라고 불리는 앨범이었다. 훗날 세계적으로 유명한 음악 잡지 『롤링 스톤 (Rolling Stone)』에서 선정한 '역사상 가장 위대한 앨범 500선' 중 당당히 1위에 오르게 되는 불세출의 명반이었다.

《페퍼 상사》는 대중음악 역사상 전혀 찾아볼 수 없었던 콘셉트의 앨범이었다. 이 앨범은 실제로 존재하지 않는 공연장인 '앨버트 홀'에서 열린 라이브 공연을 묘사했다. 이를 위해 곡과 곡 사이에 정적 대신 관중들의 박수 소리, 함성, 무대에서 들릴 법한 잡다한 소리들을 삽입했다. 비틀스는 앨범 속에서 가상의 밴드인 '페퍼 상사 밴드'로 등장했다. 자신들의 이름이 아니라 마치 다른 밴드를 연기하듯 연주했기 때문에 그들은 마음껏 새로운 음향을 실험할 수 있었다. 기존의 대중음악 음반들은 음반 자체가 하나의 작품이라 기보다는, 개별적인 곡들을 모아놓은 작품집의 개념이었다. 그런데 비틀스의 페퍼 상사는 앨범 자체가 하나의 작품을 이루는 앨범이라는 점에서 놀라움을 자아냈다.

인류의 역사 속에서 훗날 찬사를 받게 되는 명작들이 당대에는 푸대접을 받았던 사례들을 얼마든지 발견할 수 있다. 비틀스의 《페퍼 상사》는 이러한 작품들과는 거리가 있었다. 전 세계의 평론가들이 일제히 《페퍼 상사》에 대한 찬사를 가득 담은 글들을 쏟아 냈다. 비틀스는 이제 젊은 세대들이 열광하는 '아이돌'일 뿐만 아니라 시대를 선도하는 아티스트로서도 인정받게 된 것이다. 이러한 예술

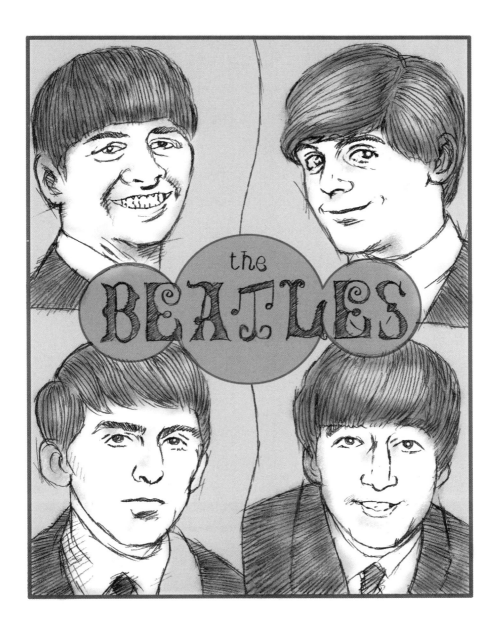

적인 성취는 어쩌면 그들이 이미 기대하고 있었던 결과였는지도 모른다. 그러나 그들의 의도와는 달리 대중들 역시 이 앨범에 폭발적으로 열광했다. 발매와 동시에 영국과 미국뿐만 아니라 호주, 캐나다, 노르웨이, 스웨덴, 독일 등 전 세계 수많은 차트의 정상에 오른 것이다.

혹자들은 이 앨범이 자아내는 환상적 분위기가 그들이 손대기 시작했던 마약, LSD와 관계가 있다고 추측하기도 했다. 특히 수록곡 중 〈Lucy In The Sky With Diamonds〉의 제목을 LSD에서 가져왔다는 의견 또한 있었다. 존은 이를 부정했지만 훗날 폴은 인정하기도 하는 등 여전히 의견이 분분하지만, 양립하기 어렵다는 대중성과 예술성을 두루 갖춘 희대의 명반이 탄생하였음은 분명한 사실이었다.

대성공, 그 이후

《페퍼 상사》는 누가 봐도 성공한 앨범이었지만, 이 성공에 대한 멤버들의 감상은 조금씩 차이가 있었다. 최초로 앨범 전반에 대한 아이디어를 가져오고, 존과 함께 대부분 곡을 나누어 작사·작곡한 폴 매카트니의 입장에서는 《페퍼 상사》의 성공이 이루 말할 수 없이 뿌듯한 일이었다. 그는 평론가와 대중들의 뜨거운 평가를 마음껏 즐겼다.

하지만 다른 멤버들의 기분은 조금 달랐다. 자신의 곡은 단 한 곡밖에 신지 못한 조지 해리슨과 일찌감치 드럼과 퍼커션을 연주해 두고 몇 달이고 가만히 앨범의 완성을 기다려야 했던 링고 스타에게 이 앨범은 그다지 의미 있는 앨범이 아니었다. 존과 폴이 그랬던 것만큼 조지와 링고 역시 음악적으로 성장을 거듭하며 나름 자기 분야에서 거물급 음악가가 되어 있었다. 이제는 존과 폴의 지시를 따르는 역할을 넘어 자신들이 직접 진두지휘하는 앨범을 만들고 싶다는 생각을 품기 시작했다.

존 역시 마냥 기쁘지만은 않았다. 스스로가 무대 위의 춤추는 어릿광대처럼 여겨져, 그런 모습에서 벗어나 예술가가 되어야겠다고 생각했던 존이었다. 그러나 오히려 《페퍼 상사》는 그를 더욱더 주목받는 스타로 만들어 버린 것이다. 앨범의 성공에도 불구하고 그는 방송 출연을 극도로 꺼렸다. 그러나 앨범 활동을 전혀 하지 않을 순 없었기에 그는 비틀스의 연주 영상을 방송사에 보내서 송출하도록 하였는데, 이것이 오늘날 뮤직비디오의 시초가 되었다는 사람들도 있다. 어쨌거나 이러한 모습들은 존의 마음속에 있던 괴리감과 허전함이 이제는 걷잡을 수 없이 커져 버렸다는 것을 단적으로 보여 주는 예다.

네 명의 청년들이 의기투합하여 끝없이 전진해 나가던 거함 비틀스. 사람들은 미처 몰랐지만, 그들은 쉴 새 없이 흔들리고 있었다.

평화를 찾아서

당신에게는 오직 사랑만이 필요해요

《페퍼 상사》로 화려하게 돌아온 비틀스. 그 시기에 전 세계는 '플라워 무브먼트'로 대표되는 히피 문화로 들끓었다. 미국에서 시작된 이 현상을 이해하기 위해서는 당시의 사회상을 되짚어 볼 필요가 있다.

1960년대 미국은 그야말로 사회적 갈등의 용광로였다. 기업들이 합병을 거듭하며 거대 기업이 등장하게 되었고, 노동자와 기업가 사이의 경제적 불균형이 심화하였다. 저소득층의 분노가 여기저기서 터져 나오며 미국 각지에서 대규모 폭동이 일어났다. 마침이때 미국은 베트남전에 개입하기 시작했고, 이에 반발하는 평화,

반전 시위들도 일어나기 시작했다. 이는 학생들을 중심으로 격렬하게 퍼져 나갔다. 이러한 분위기 속에서 흑인들 역시 그동안 억눌렸던 설움을 폭발시켰다. 그들은 마틴 루서 킹 목사를 중심으로 비폭력 운동을 펼쳐 나갔는데, 그가 암살당하자 전국 각지에서 폭력 사태가 일어나기도 했다.

이러한 상황을 벗어나고자 일어난 움직임이 플라워 무브먼트이다. 이를 주도한 사람들은 히피라고 불리는 젊은이들이었는데, 이들은 모든 제도와 갈등에서 벗어나고자 하는 이들이었다. 맨발에 알록달록 제멋대로 차려입은 옷차림이 특징이었던 이들은 사회에서 벗어나 도시의 외곽에 모여 사랑과 평화 그리고 인간성의 회복을 최우선의 가치로 여기며 인류가 자연 본연의 모습으로 돌아가야 한다고 주장했다. 전쟁이나 폭동을 거부하고, 사랑을 최대의 가치로 삼아야 한다는 히피들의 움직임이 바로 플라워 무브먼트이고, 이는 머리에 꽃을 달고 다니던 히피들의 모습에서 유래된 말이다.

그런 히피들이 가장 사랑하는 밴드가 바로 비틀스였다. 비틀스의 주된 팬층과 히피들의 연령대가 비슷한 탓도 있었고, 비틀스 역시 이들의 사상에 공감하여 그들의 메시지에 화답하는 노래를 만들어 히피 문화 확산을 도왔기 때문이기도 했다. 그 대표적인 예가 〈All You Need Is Love〉라는 노래였다.

이 곡은 비틀스가 1967년 6월, 전 세계로 방영된 영국 BBC 방송

〈Our World〉에 출연했을 때 불렸다. 전 세계가 그들이 자신들의 히트곡이나 최신 앨범 《페퍼 상사》의 수록곡들을 연주하기를 기다리고 있는 가운데 비틀스는 뜻밖에도 아예 새로운 곡을 불렀던 것이다. 노래에 담긴 '불가능한 일에 애쓰지 마세요, 그저 사랑하세요'와 같은 그들의 메시지는 전 세계 젊은이들과 히피들의 가슴에 강렬하게 남았다. 비틀스는 그야말로 히피들의 아이콘이 되었다.

충격적인 이별

1967년 8월의 어느 날, 존에게 한 통의 전화가 걸려왔다.

"레넌 씨 맞습니까?"

"네. 누구십니까?"

"런던 경찰입니다. 알려드릴 것이 있어 전화했습니다."

"말씀하시죠."

"브라이언 엡스타인 씨가 자택에서 사망한 채로 발견되었습니다."

존은 황망히 병원에 달려갔지만, 비틀스의 영원한 매니저이자 비틀스라는 밴드를 세상에 내어놓은 장본인인 브라이언 엡스타인은 이미 숨진 뒤였다. 사망 원인은 약물 중독이었다.

당시 히피들은 인간의 본성을 되찾으려는 방법으로 주로 마약을 사용했다. 가장 인기가 있었던 것은 앞서 〈Lucy In The Sky With

Diamonds〉라는 곡과 관련이 있다는 의혹을 받은 LSD라는 약물이었다.

자신이 만든 비틀스가 이제 자신의 관여 없이도 성장해 나갈 수 있게 되자, 엡스타인은 뿌듯한 한편 커다란 외로움을 느꼈다. 게다가 그가 동성애자임이 언론에 알려지며 그로 인해 적지 않은 스트레스를 받던 중이었다. 그 시기에 아버지마저 잃고 기댈 데 없는 마음을 LSD에 의존하게 된 것이다. 비틀스와 함께 쌓은 막대한 부와 명예도 위태로운 그의 마음을 지탱해 주지 못했다.

존의 상실감은 이루 말할 수 없었다. 최근 조금 소홀하기는 했지만, 어찌 보면 멤버들보다 더 많은 것을 의논하고 함께하던 이가 브라이언이었다. 자신이 이끌어야 하는 멤버들과는 달리 브라이언은 그가 허심탄회하게 고민을 나누고 짐을 나눌 수 있었던, 마치 부모와도 같은 존재였다. 그러나 이러한 상실이 처음은 아니었다. 이미 존은 어머니의 죽음 그리고 스튜어트 서트클리프의 죽음도 마주한 적이 있었다. 그는 자신의 슬픔을 어떻게 다루어야 하는지에 대해 나름의 방식을 터득했다. 그는 최대한 그 슬픔을 외면하려 하였다. 애써 마음을 추스르는 그를 멤버들이 위로했을 때 존이 말했다.

"우리가 믿는 것들이 꼭 올바른 일은 아닌 것 같아. 아무리 마약을 해도 우리는 결국 행복해질 수 없어. 브라이언을 보라고. 저렇게 외롭게 죽어 버렸잖아. 플라워 무브먼트? 그래서 세상이 달라지기나 했나? 아니야. 우리가 선택한 방법들은 다 정답이 아니었어. 다른 방법을 찾아야겠어. 마음과 세상을 평온하게 만들 새로운 방법."

마하리시

브라이언 엡스타인이 죽기 전날, 비틀스 멤버들은 새로운 경험을 했다. 그것은 며칠 전 조지 해리슨이 가져온 한 장의 포스터로부터 시작되었다.

"이봐, 멤버들, 이걸 보라고!"

"응? 뭐야, 조지?"

"마하리시 마헤시 요기라는 사람의 강연이야."

멤버들은 어리둥절한 표정으로 조지를 바라봤다.

"내가 인도에 갔을 때 들어서 알게 된 사람인데, 아주 유명한 명상 철학자야. 살아 있는 성인이라고 불리는 사람인데, 그 사람이 런던에 온대!"

"마하리시? 명상 철학이라……."

시큰둥한 멤버들과 달리 존은 약간의 호기심이 생겼다.

"자세히 말해 봐, 조지."

"나도 자세한 건 모르는데, 이 사람은 초월적 명상이라는 걸 가르친대. 그걸 배우면 마약 같은 거 없이도 마음의 평화를 얻을 수 있다는군!"

"그게 가능할까?"

"괜히 얻은 명성이 아닐 거야. 어때? 우리 멤버들 다 같이 거기 가 보는 게!"

다음 날 그들은 런던의 힐튼호텔에서 열린 마하리시의 세미나에 갔다. 짧은 시간이었지만 처음 마주한 명상은 그들에게 아주 인상적인 경험으로 남았다.

"존, 어땠어?"

"아직 잘은 모르겠지만 대단한 것 같아. 자신의 내면으로 들어가 우주의 진리에 닿을 수 있다니! 이거 LSD보다 훨씬 나은데?"

그다음 날 뜻밖에 브라이언 엡스타인의 죽음을 경험한 존은 마약을 끊기로 했다. 그 대안으로 마하리시의 명상 철학을 받아들이기로 했다. 다음 주말에도 비틀스 멤버들은 마하리시의 세미나에 참여했다.

"왜 그렇게 슬픈 표정이지요?"

"저는 너무 많은 사람을 잃었어요. 그 빈자리가 어떻게 해도 도저히 채워지질 않아요."

"괴로움을 바라보지 마세요. 그저 자기 자신만을 바라보세요. 당신을 슬프게 하는 것도, 기쁘게 하는 것도 당신이니까요."

가장 슬픈 시기에는 누군가 무심코 내민 손이 구원처럼 느껴지기도 하는 법이다. 존에게는 마하리시가 구원자처럼 느껴졌다. 마하리시의 런던 강연이 막을 내리고, 다음 강연은 웨일스의 뱅고어라는 지방에서 열린다는 소식을 들었다. 존은 비틀스 멤버들과 함께 그곳으로 향했다. 그런 그들이 기특했는지, 마하리시는 그들을 치켜세웠다.

"저 아름다운 젊은이들을 보십시오. 저들은 음악으로, 저들의 영향력으로 우주의 진리를 지구 만방에 퍼뜨릴 선지자가 될 겁니다!"

존 레넌과 조지 해리슨은 마하리시의 추종자가 되고 말았다. 1968년 초에는 그의 명상 캠프에 참여하기 위해 3개월 일정으로 히말라야까지 갔다. 이번에는 멤버들은 물론이고, 그들의 배우자들까지 모두 데리고 갔다.

히말라야에서는 매일매일 똑같은 하루들이 기다리고 있었다. 아침 일찍 일어나 식사를 하고, 해가 질 때까지 명상하고, 밤이 되면 잠자리에 드는 단조로운 일상이었다. 존과 조지는 마음의 평화를 되찾은 것 같았다. 그러나 모두가 그렇게 느낀 것은 아니다.

"또 풀이구만! 어제도 풀! 오늘도 풀! 여기는 술도 없고 고기도 없단 말이지! 도저히 이렇게는 못 살겠어!"

링고 스타가 열흘 만에 아내를 데리고 런던으로 떠났다.

"존, 미안해. 나도 더는 못할 것 같아."

폴 매카트니는 한 달을 조금 넘기고 비행기를 타러 갔다. 하지만 존과 조지만큼은 성실하게 명상에 임했다. 드디어 자신의 마음을 기댈 곳을 찾았다는 생각이 들었다. 그러나 존은 뜻밖의 광경을 목격하게 되었다. 저녁 식사 자리에서 마하리시가 캠프에 참여한 여성들에게 치근덕거리는 모습을 보게 된 것이다. 존에게 마하리시는 신이나 다름없다고 여겼던 존재였다. 존의 실망감은 자신이 여태까지 해 왔던 수련 전체에 대한 믿음을 무너뜨리고 말았다. 며칠 뒤 아침, 존이 마하리시를 찾았다.

"마하리시, 나는 떠납니다. 지금 당장."

"도대체 왜 그러는 겁니까, 존."

욕지거리가 치밀어 올랐지만, 존은 점잖게 말했다.

"당신은 진리를 깨달았다고 했지요. 그렇다면 내가 왜 이러는지도 알겠군요."

스승이라 믿었던 자에 대한 마지막 예의였다. 무섭게 쏘아 보는 마하리시의 눈을 뒤로하고 존은 런던행 비행기에 올랐다. 그때 마하리시에게 느낀 배신감은 훗날 〈Sexy Sadie〉라는 노래로 발표되었다. 조지 해리슨의 만류로 제목을 바꾸기 전까지 이 노래의 제목은 '마하리시'였다.

마약에서 벗어나 새로운 마음의 안식처를 찾고자 했던 존의 노력은 이렇게 수포가 되었다. 존은 이전보다 더 혼란스러워했고, 자주 술과 약물에 찌들어 지내게 되었다. 그러나 이 시절이 그에게 전혀 의미가 없는 시간만은 아니었다. 존이 히말라야에 들고 갔던 노트는 〈Sexy Sadie〉를 비롯하여 수많은 곡의 가사와 멜로디로 채워졌다.

4장

내 사랑, 요코

존 레넌과 오노 요코

애플 레코드

히말라야에서 돌아온 비틀스 멤버들은 다음 작업을 생각하지 않을 수 없었다. 새로운 앨범을 만들기 위해서는 브라이언 엡스타인의 빈자리를 채워야 했다. 수익으로 보나 영향력으로 보나 이제 하나의 기업이나 다름없던 비틀스는 아예 자신들의 앨범을 생산하고, 매니지먼트까지 담당할 레코드 회사를 창업하여 경영하기로 마음먹었다. 그렇게 설립된 회사가 '애플 레코드'(컴퓨터 회사 애플과는 다른 회사였으나 훗날 상표권 분쟁 끝에 컴퓨터 회사 애플이 애플 레코드를 인수하게 되었다)이다.

회사의 설립을 주도한 것은 폴 매카트니였다. 폴은《페퍼 상사》

를 준비하는 동안 비틀스 멤버들 사이에 균열이 생기기 시작했음을 감지했다. 밴드를 오래도록 유지하기 위해서 구심점이 필요하다고 여겨 회사를 설립해 함께 경영하는 아이디어를 낸 것이다.

애플은 원래 비틀스의 매니지먼트뿐만 아니라 음악, 미술, 영화, 문학 등 다양한 분야의 아티스트를 발굴하고 지원하는 역할을 할 예정이었다. 또한 부티크를 열어 독특한 옷뿐만 아니라 다양한 물건들과 예술 작품들을 전시하거나 판매하기도 했다. 그러나 비틀스 멤버들에게 이러한 복잡한 사업체를 운영할 능력이 있을 리 없었다. 사업적인 부분은 모두 브라이언 엡스타인에게 맡겨 왔었다. 그들은 애초에 세금을 조금 덜 내고, 새로운 분야에서 수익을 창출하기 위해 만들었던 애플이 그들의 재산을 빠른 속도로 축내는 것을 바라볼 수밖에 없었다. 결국 다른 분야는 거의 망하다시피 하고 비틀스를 관리하고 레코드를 제작하는 분야만 겨우 꾸려 갈 수 있었다.

배신

애플 레코드에서 나온 첫 음반은 의외로 비틀스의 음반이 아니었다. 그 주인공은 존 레넌 그리고 그와 교류한 적이 있었던 일본인 예술가 오노 요코였다. 그들이 재회한 것은 1968년 5월의 어느 밤이었다. 그때 존은 마하리시에게서 받은 실망감에 매일매일을 술과 마약으로 보내고 있었다. 존의 아내 신시아는 친구들과 함께 여행을 떠났고, 아들 줄리언은 가정부가 돌보고 있었다. 홀로 소파에 앉아 있던 존의 머릿속에 문득 오노 요코의 얼굴이 떠올랐다. 이전의 짧은 만남 이후로는 가끔 편지를 주고받았을 뿐이지만 그날따라 묘하게 그녀가 보고 싶었다.

"오노 요코 씨?"

"네. 누구시죠?"

"존 레넌입니다. 잘 지냈어요?"

"아, 존. 오랜만이네요."

"요코, 이렇게 말해도 될지 모르겠지만, 지금 좀 만날 수 있을까요?"

그렇게 존과 요코의 운명적인 재회가 이루어졌다. 존은 요코를 위층에 있던 그의 작업실로 안내했고, 그들은 한참 동안 함께 존의 습작 테이프들을 들었다.

"아직 습작에 불과해요. 너무 난해하게 만들어서 아마 발표하진 못할 것 같아요."

"나는 전부 마음에 드는데요? 우리 같이 완성해 보면 어때요?"

음악 작업을 마치고 완성된 테이프를 손에 쥐었을 때 창밖에는 해가 떠오르고 있었다. 녹초가 된 그들은 잠자리에 들었다. 그날 존은 누구에게서도, 특히 신시아에게서는 단 한 번도 느끼지 못했던 설렘을 느꼈다. 신시아는 쉴 새 없이 방황하는 존을 묵묵히 기다릴 뿐, 예술적인 영감을 불러일으키거나 그가 나아갈 길을 제시해 주거나 하는 존재는 아니었다. 그런데 이 낯선 동양인 여성은 용솟음치는 예술적 아이디어를 품고 있는 것 같았고, 끊임없이 존의 예술적 영감을 자극했다. 하는 이야기마다 새로웠고 때로는 그가 생각하지 못했던 의견을 내며 창작 작업을 이끌기도 했다.

"요코, 당신은 나와 닮은 정도가 아니라 마치 또 하나의 나인 것 같아. 왜 이제야 당신을 만나게 된 것일까. 아니, 어쩌면 이제라도 만난 것이 다행인지도."

요코의 매력은 단지 예술적인 면모뿐만이 아니었다. 요코의 자유분방한 성격은 마치 존이 어렸을 적 음악을 들려주던 어머니 같았다. 늘 어머니에 대한 그리움을 갖고 있었던 존에게 7살 연상의 요코는 그러한 결핍을 상당 부분 해소해 줄 수 있는 존재로 느껴졌다. 보호해야 할 순진한 아가씨 같았던 신시아에게서는 느낄 수 없었던 느낌이었다.

요코는 그 후로 며칠 더 존의 집에 머물렀다. 그 며칠간 존은 요코에게 완전히 빠져 버렸다. 꿈같은 며칠이 흐른 뒤, 있어서는 안 될 일이 일어나고 말았다. 신시아가 예정보다 일찍 집에 돌아왔을 때, 집 안은 온통 쓰레기와 음식물로 난장판이었고, 존과 함께 자신을 기다리고 있어야 할 줄리언은 보이지도 않았다. 남편 존은 바닥에 널브러져 있었고, 그의 옆에는 웬 낯선 여인만이 있었다.

"존…… 이게 어떻게 된 일이야? 도대체 이 여자는 누구고?"

"아, 신시아…… 그게 말이야……."

거의 넋이 나간 신시아가 존에게 묻자 요코가 몸을 일으켰다. 그러고는 태연하게 인사했다.

"안녕?"

신시아는 그 길로 짐을 싸서 친구 집으로 가 버렸다. 처음 존을 만났던 시절부터 지금까지 외로운 기다림의 연속뿐이던 끝에 이토록 치욕스럽게 버림받았던 것이다. 그러나 당시 존에게 신시아의 절망과 고통은 보이지도 않았다.

바로 다음 날부터 존은 공적이거나 사적인 자리를 가리지 않고 늘 요코와 함께 참석했다. 신시아와의 이혼이 진행되지도 않았는데 다른 여성과 함께 나타난 존에게 기자들은 둘의 관계에 관한 질문을 던졌다.

"존! 같이 계신 여성분은 누구시죠?"

"전위 예술가이자 음악가, 오노 요코 씨입니다."

"두 분 요즘 계속 같이 다니시던데, 어떤 사이시죠?"

"저의 예술적 영감의 원천 그리고 저 자신이기도 한 여인입니다."

존은 그녀가 자신의 새로운 사랑임을 부인하지 않았다. 언론은 존을 파렴치한으로 묘사한 것은 물론, 요코를 마녀로 묘사하기도 했다. 둘은 물론 신경조차 쓰지 않았다.

둘은 곧바로 다양한 분야의 예술 창작 작업을 함께해 나가기 시작했다. 존의 영역이었던 음악뿐만 아니라, 요코가 그동안 해 왔던 전위 예술 분야로 끝없이 반경을 넓혀 나갔다. 현대 조각 전시회에서 도토리나무를 심고, 전 세계의 국가 지도자들에게 도토리나무를 선물한 사건은 그것이 예술인지를 놓고 갑론을박이 일기도 했다. 존의 첫 전시회가 열리기도 했는데, 그곳에도 전위적인 작품들이 가득했다. 모두 요코의 영향을 강하게 받은 것들이었다. 이러한 활동들이 계속될수록 언론과 여론은 둘을 강하게 질타했고, 그러면 그럴수록 둘은 더욱더 뜨겁게 사랑하게 되었다.

존은 요코와 함께하는 시간에 집중한 나머지 신시아와 이혼 절차를 밟는 일마저 잊고 있었다. 결국 가까스로 마음을 추스른 신시아가 먼저 존에게 이혼을 요구했다. 그러나 그녀가 아들 줄리언의 양육권을 요구한 데 불만을 품은 존은 오히려 신시아에게 간통죄를 덮어씌워 고소하기도 했다. 법원이 결국 신시아의 손을 들어 주었지만, 십 년 넘게 지켜 왔던 사랑이 이렇게 처참한 모습으로 무너져 내리는 것을 보며 신시아는 하염없이 눈물을 흘릴 수밖에 없었다.

신시아와 마찬가지로 상처받은 이가 있다면 아마 어린 아들, 줄리언이었을 것이다. 비틀스 활동으로 바빴던 아버지의 사랑을 제대로 받아 보지도 못한 채 버림받은 엄마와 함께 떠나야 했던 어린

아이의 운명은 누가 봐도 가혹했다. 이 모든 과정을 곁에서 지켜본 폴 매카트니는 그런 줄리언을 위해 노래를 한 곡 만들었다. 훗날 발표된 이 노래가 비틀스의 대표적 명곡 중 하나인 〈Hey, Jude〉였다.

　폴은 행여 줄리언이 이혼한 엄마를 원망하게 될까 봐 안쓰러운 마음에 이 노래를 썼다고 훗날 밝혔다. 하지만 존 레넌은 그것이 어린 시절 부모의 이혼을 겪은 자신을 위해 만든 노래라고 끝까지 믿었다.

체포된 존 레넌

　그해 10월 초, 존 레넌은 친한 기자로부터 전화를 한 통 받았다.

　"존, 요즘도 마약에 손을 대나?"

　"최근엔 거의 하지 않았어요. 아시잖아요, 저는 요즈음 요코와 창작 활동을 하는 것만으로도 잠잘 틈도 없는걸요."

　"그래, 당분간은 조심하는 게 좋겠어. 런던 경찰이 자네를 노리고 있다는 이야기를 들었거든."

　며칠 후, 집에서 잠을 자고 있던 존과 요코는 굉음에 놀라 잠에서 깼다. 간신히 옷을 걸치고 거실로 나왔는데, 경찰들이 수색 작업을 하고 있었다.

　"존 레넌 씨, 저는 런던 경찰청 마약 담당 노먼 필처라고 합니다."

　"그런데요? 갑자기 이게 무슨 짓이죠?"

"당신이 마약을 보관하고 있다는 제보를 받고 수색 중입니다. 협조해 주시죠."

존은 강제로 수색하겠다는 경찰들을 말렸다. 무엇보다 최근 요코가 임신을 했기에, 이런 소란은 피해야 한다는 생각이 컸다.

"찾았습니다!"

"음, 마리화나군. 역시 제보가 틀리지 않았군요. 존 레넌, 오노 요코. 당신들을 마약 소지와 수색 방해 혐의로 연행하겠습니다."

"말도 안 돼! 그건 저희 것이 아니에요!"

"자세한 얘기는 서에 가서 하시죠."

존은 필처 경관이 도대체 왜 이런 식으로 자신들을 목표물로 삼는지 알 수 없었다. 지금과는 달리 마약을 하는 젊은이들을 흔히 볼 수 있는 시대였다. 그런데 하필 존에게만 증거까지 조작하며 죄를 묻는 이유가 무엇이었을까. 알 수 있는 것은 아무것도 없었지만, 모든 증거가 자신과 요코를 가리켜 범죄자라고 말하고 있었다.

"존, 죄를 시인한다면 가볍게 처벌받을 겁니다. 그리고 당신의 애인은 무죄로 풀려날 겁니다."

홀몸이 아닌 요코를 보호하려면 선택의 여지가 없었다. 존은 어쩔 수 없이 잘못을 시인했다. 그러나 불행히도 요코는 유산을 하고 말았다. 더군다나 이때는 알지 못했지만, 이 사건은 두고두고 두 사람의 행보에 커다란 걸림돌이 되고 만다.

존과 요코는 상심한 마음을 다시 추스르고, 그들이 그동안 해 온 것처럼 예술을 통한 사회 운동을 계속해 나가기로 했다. 사건이 일단락되자마자 그들은 함께 작업한 앨범을 하나 발매했다. 그들이 존 레넌의 집에서 처음 함께 밤을 보내며 작업한 바로 그 테이프를 다듬은 결과물이었다. 애플 레코드에서 발매된 첫 앨범이기도 한 이 작품의 제목은《Two Virgins》. 멜로디도 가사도 없이 존과 요코가 즉흥적으로 낸 다양한 소리만 불규칙적으로 배열되어 있는 기괴한 앨범이었다. 이 앨범은 그 실험성과 전위성으로 주목을 받기도 했지만, 그들이 직접 찍은 자신들의 파격적인 나체 사진을 재킷에 넣어 화제가 되기도 했다.

비틀스 VS 비틀스

비틀스의 불화

존 레넌이 오노 요코와 연인이 될 무렵, 비틀스 멤버들은 새 앨범에 대한 의견을 나누고 있었다. 그런데 이 시기에 멤버들 사이에 감돌던 분위기는 이전의 앨범들을 작업할 때와는 사뭇 달랐다. 때로는 다투기도 했지만 어쨌거나 비틀스 멤버들은 몇 날 며칠이고 스튜디오에서 서로 부대끼며 똘똘 뭉쳐 앨범 작업을 하곤 했다. 존과 폴이 아이디어를 가져오면 나머지 멤버들이 자신들의 색을 덧입히며 조화로운 곡들을 만들어 내곤 했다. 그런데 이번 앨범은 작업에 들어가기도 전에 고성이 오가며 서로의 감정을 폭발시키는 일이 잦았다. 이것은 한두 명의 탓이라기보다는 멤버들 개개인의 문제였다.

사실 새 앨범을 논의하기 전, 그들은 영화 〈Magical Mystery Tour〉를 직접 제작한 적이 있다. 이때 폴 매카트니와 다른 멤버들 사이의 갈등이 생겼다. 리더인 존 레넌이 멤버들을 모아 제작 회의를 시작했다.

"자, 그럼 영화에 대한 아이디어들을 한번 이야기해 볼까?"

"음, 글쎄, 아이디어를 내기가 쉽지가 않은걸?"

"그렇지, 아무래도 이런 작업은 처음이니까."

머뭇거리는 멤버들 가운데 폴이 의기양양하게 나섰다.

"무슨 걱정이야? 우린 비틀스야. 그냥 그때그때 찍고 싶은 걸 즉흥적으로 찍으면 되지 않을까?"

"그래도 시나리오는 있어야 하지 않을까?"

"걱정하지 마, 나만 믿으라고."

"그래, 그럼 배우들은 어떻게 섭외할까?"

"그것도 내가 이미 다 생각해 뒀지!"

기획과 배우 섭외 과정에서 폴은 다소 독단적으로 보였다. 영화는 그들의 전문 분야가 아니었기에 멤버들은 폴의 그런 모습을 이해하려 노력했다. 그런데 영화에 수록될 음악을 제작하는 과정에서 멤버들은 폴의 태도에 당혹감을 느끼고 말았다. 멤버들은 늘 그랬던 것처럼 협업을 통해 음악을 만들 준비를 하고 있었다. 하지만 폴은 평소와 다른 발언을 했다.

"이미 내가 곡을 다 써 두었어. 우리는 이제 이 곡을 녹음만 하면 된다고!"

음악적인 부분만큼은 멤버들 모두가 자신을 최고의 전문가라고 생각하고 있었다. 그렇기 때문에 이번에는 폴의 독선적인 모습에 멤버들의 감정이 상할 수밖에 없었다. 폴의 입장에서야 자신의 아이디어로 제작한 앨범《페퍼 상사》가 상상을 초월하는 성공을 거두었기 때문에 이처럼 자신감 넘치는 모습을 보일 수 있었겠지만, 다른 멤버들 입장에서는 위화감을 느낄 수밖에 없었다.

과정이야 어쨌든 결과가 좋았다면 문제가 되지 않았을지도 모른다. 하지만 이 영화가 BBC를 통해 방영된 후 그들은 어마어마한 혹평에 시달려야 했다. 대중과 평론가들이 이 영화를 말도 안 되는 졸작이라 평가했다.

이런 과거의 일에 더해, 지난 앨범《페퍼 상사》에서 소외감을 느꼈던 조지 해리슨도 이번 앨범에 관해서는 태도가 달라졌다.

"이번 앨범부터는 존과 폴의 곡뿐만 아니라 내 곡도 좀 더 넣어 줬으면 좋겠어."

존과 폴의 그늘에 가렸지만, 조지 역시 세계 최고 밴드의 기타리스트였다. 게다가 인도에서 음악 공부를 하며 그의 음악 세계는 더욱 넓어져, 이제는 그 역시 결코 존과 폴에 뒤진다고만은 볼 수 없는 훌륭한 음악가가 되었다. 그러나 항상 창작을 주도해 온 존과 폴 입장에서는 이런 요구가 달가울 수만은 없었다. 결국 멤버들은 이번 앨범은 기존의 앨범과 다른 방식으로 작업하기로 했다. 멤버들 개개인이 자신의 창작물을 가져오고, 철저히 그 창작자의 주도하에 각각의 곡을 녹음하기로 한 것이다.

우여곡절 끝에 녹음에 들어갔지만, 이번에는 링고 스타에게 문제가 생겼다. 폴의 곡을 녹음하던 어느 날이었다. 폴은 링고의 연주가 영 마음에 들지 않았다.

"지금 연주는 어땠어?"

"음, 좀 더 리드미컬하게는 안 되겠어?"

"이봐, 폴, 지금 몇 번째인 줄 알아? 도대체 어떻게 연주해 주길 원하는 거야?"

"그게 설명하기가 좀 어려운데, 연주 방식의 문제가 아니라 실력의 문제인지도 모르겠다."

"그게 무슨 말이야?"

"링고, 우리는 이제 옛날의 비틀스가 아니야. 그런데 너는 실력이 별로 늘지 않은 것 같아."

"뭐라고? 네가 드럼에 대해 얼마나 안다고 그래? 그냥 네가 연주하지 그래?"

"이러지 마, 링고."

"됐어. 그렇게 내 연주가 마음에 안 들면 나는 그만두겠어."

이 다툼으로 인해 링고는 한동안 밴드를 이탈했고, 덕분에 몇몇 곡에서 폴은 자기가 직접 드럼을 녹음하기도 했다.

그러나 멤버들이 가장 많은 불만을 품고 있는 대상은 바로 리더인 존 레넌이었다. 비틀스를 결성한 이후로 모든 멤버에게는 비틀스가 인생의 최우선이었다. 그런데 어느 날인가부터 존에게 비틀스보다 중요한 것이 생긴 것 같았다. 바로 오노 요코였다.

멤버들 입장에서야 존과의 유대감에 비할 바는 아니지만, 신시아 역시 오랜 기간 만나며 나름 정이 든 사람이었다. 그런 그녀를 무책임하게 내쳐버린 존과 그 자리를 차지한 요코가 곱게 보일 리 없었다. 더군다나 요코는 신시아와는 완전히 다른 성격의 사람이었다. 신시아는 비틀스의 활동에 관여한 적이 없었는데, 요코는 비틀스가 모이는 날이면 어김없이 함께 나타나곤 했다.

"존, 이 곡은 어떤 것 같아?"

"나쁘지 않은 것 같은데…… 요코, 당신 의견은 어때?"

"따분해! 너무 평범하다고. 좀 더 실험적인 시도가 필요할 것 같아."

넷이 모이던 모임에 낯선 이가 끼어든 것도 불편한데 요코는 자꾸만 자신의 의견을 피력하려 했다. 더군다나 그녀는 전위 예술가였다. 가장 새롭고 충격적인 예술을 추구하던 그녀에게 대중가요

인 비틀스의 음악은 다소 밋밋하게 느껴지곤 했다. 게다가 그녀는 자기 생각을 숨길 줄 모르는 성격의 소유자였다. 아무렇지도 않게 던지는 비판의 말들이 다른 멤버들의 입장에서는 난데없이 나타난 불청객의 참견처럼 느껴졌다.

그 사이를 잘 중재했어야 했던 사람은 바로 존이었다. 하지만 존은 계속해서 시큰둥한 태도로 일관했다. 이제 그에게는 요코와 함께하는 전위 예술 활동이나, 사회 운동이 훨씬 흥미로웠다. 비틀스 활동에 대해서는 흥미를 완전히 잃어버린 사람 같았다. 갑작스레 찾아온 불청객 그리고 열정을 상실한 리더. 비틀스의 분열은 모든 멤버들의 책임이겠지만 그 책임의 무게를 잰다면 존의 것이 가장 무겁다 해도 틀린 말은 아닐 것이다.

The Beatles(White Album)

서로 간의 불화 속에서 각자의 음악적 견해까지 달라지면서 네 명의 멤버들은 마치 자신의 솔로 앨범을 만들 듯 독립적으로 작업을 했다. 자신의 곡에서는 다른 멤버들의 의견을 구할 필요 없이 마음껏 자신의 소신대로 창작했고, 다른 멤버들의 요청으로 악기 연주를 보탤 때는 철저히 남의 곡을 대하듯 요구대로 연주했다. 서로의 곡을 녹음실에서 처음 듣게 되는 경우도 많았다. 이러한 방식은 멤버들 간 갈등의 소지를 최소화하기 위한 방법이었다.

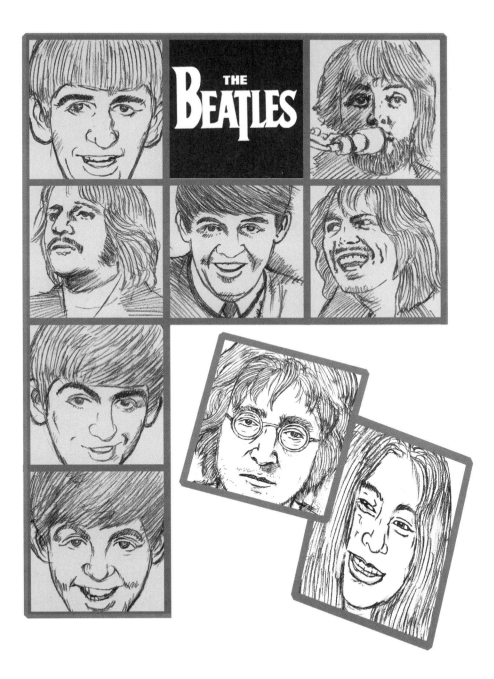

그리하여 1968년 11월, 비틀스의 새 앨범 《The Beatles》가 발매되었다. 멤버들 개개인의 곡을 한데 모으다 보니 무려 30여 곡이 모이게 되었고, 덕분에 두 장의 레코드가 포함된 앨범이 되었다. 이 앨범은 'The Beatles'라는 이름보다는 'White Album'(화이트 앨범)이라는 이름으로 널리 알려져 있는데, 이는 앨범의 표지 디자인 때문이다. 아무것도 없는 하얀 배경에 'The Beatles'라고 쓰여 있는 것이 전부이다. 하얀 배경이 순수함을 상징한다는 의견도 있지만, 멤버 간의 불화로 인해 디자인이 확정되지 않은 상황에서 앨범이 발매되었기 때문이라는 이야기도 있었다. 진실은 알 수 없다.

　　이 앨범은 기존 앨범에서 느낄 수 있었던 네 멤버들의 조화를 느낄 수는 없지만, 개개인이 마음껏 자신들의 재능을 뽐낼 수 있었기에 명곡들이 많다는 평가를 받는다. 폴 매카트니는 오래도록 사랑을 받게 되는 〈Ob-La-Di, Ob-La-Da〉와 〈I Will〉과 같은 노래를 통해 특유의 대중적인 감각을 뽐냈다. 드디어 이번 앨범에는 마음껏 자신의 곡을 담을 수 있게 된 조지 해리슨 역시 그의 인생 최고의 곡이라고 꼽히는 〈While My Guitar Gently Weeps〉를 내놓았다.

　　존 레넌의 곡 중 상당 부분은 마하리시의 캠프에서 쓴 것이었다. 〈Dear Prudence〉는 아름다운 가사로 호평을 받은 발라드인데, 얼핏 들으면 단지 한 여인을 유혹하는 내용 같지만, 사실은 마하리시로 인해 상처받은 여인을 위로하기 위해 만든 곡이었다.

이 외에도 마하리시를 비난하는 곡인 〈Sexy Sadie〉와 〈The Continuing Story Of Bungalow Bill〉 등을 작곡할 수 있었던 것을 생각하면 히말라야로의 여정이 헛된 것만은 아니었다.

오노 요코와의 만남에서 영향을 받은 곡도 있었다. 그녀와 함께 작업한 《Two Virgins》와 마찬가지로 난해하게 만든 〈Revolution 9〉은 그녀의 예술 세계에 영향을 받은 곡이다. 영국 왕실을 비판한 노래 〈Cry Baby Cry〉와 폭력과 전쟁에 대한 비판을 담은 〈Revolution 1〉등이 그러한 곡이다. 이 중 〈Revolution 1〉은 이미 싱글로 발표된 적이 있었던 곡이다. 사회를 향한 메시지를 담아 야심 차게 발표한 이 노래가 싱글로 발매되었을 때는 뜻밖에 신나는 리듬으로 만들어진 덕분에 댄스곡으로 여겨졌다. 이러한 현상이 마음에 들지 않았던 존은 새 앨범에서 곡의 템포를 느리게 바꾸어 춤을 추지 못하도록 만들어 버렸다.

멤버들 간의 불화를 겪으며 기존과는 작업 방식이 달라졌을지라도 이 앨범 역시 성공을 거두었다. 1968년 빌보드 차트 1위를 기록했고, 세계적으로 3천만 장이 팔리기도 했다. 그러나 이러한 성공이 멤버들에게 다시 비틀스 활동에 애착을 갖게 해 주지는 못했다. 서로가 조화를 이루지 못한 채 각자의 능력만으로 앨범을 만들었어도 세계 역사상 몇 손가락 안에 꼽히는 명반이라는 평가를 받은 그들이었다. 'The Beatles'라는 제목의 앨범이 역설적으로 각자가 비틀스를 떠나서도 얼마든지 자신들의 음악 세계를 펼칠 수 있다는 자신감을 심어 주게 된 것이다.

Let It Be와 비틀스의 해체

Let It Be

다른 멤버들과 달리 폴 매카트니에게는 지금까지 비틀스에 대한 미련이 남아 있었다. 점차 와해되고 있는 비틀스를 어떻게든 지켜 내려는 방법을 끝없이 고민하던 폴은 멤버들을 사무실로 모았다.

"우리 다시 공연을 떠나면 어떨까? 예전처럼 세계 순회공연을 해 보는 거야!"

그런데 다른 멤버들의 반응이 시큰둥했다. 존이 먼저 말했다.

"별로 하고 싶지 않아. 예전에야 어렸으니까 세계 순회공연 같은 게 신났던 거지. 이제 그런 광대놀음은 지겨워. 조지, 넌 어때?"

"나도 순회공연은 별로 내키지 않는걸. 따로 해야 할 작업도 많이 있고."

"나도 존과 조지랑 비슷한 생각이야. 미안해, 폴."

멤버들에게 더는 비틀스라는 이름으로 공연을 할 에너지가 없었다. 이미 이러한 대답을 예상했던 폴은 다른 제안을 했다.

"그럼 새로운 앨범 작업이라도 같이 해 보자."

폴은 얼마 뒤 새로운 곡의 악보를 들고 스튜디오에 나타났다. 비틀스의 가장 유명한 곡 중 하나가 된 〈Let It Be〉가 수록된 동명의 앨범이었다. 네 사람은 비틀스 멤버로서 마지막 불꽃을 태우듯 녹음에 매달렸고, 그렇게 《Let It Be》 앨범의 녹음이 끝났다. 하지만 이 앨범은 바로 발표되지 못하고 애플 사무실의 지하에 처박히고 말았다. 존과 폴의 다툼 때문이었다. 녹음된 곡들을 편곡하는 과정에서 둘 사이에 충돌이 생겼고, 이로 인해 앨범이 발표되지 못하는 지경에 이르렀다.

침대에서 평화를! 전쟁 대신 사랑을!

《Let It Be》의 녹음이 끝난 직후인 1969년 3월 20일, 존 레넌은 그토록 사랑하는 여인, 오노 요코와 결혼식을 올렸다. 대중들은 그들의 결혼에 대해 축하보다는 비난을 보냈다. 존을 향해서는 오래도록 자신의 곁을 지킨 아내와 자식마저 버리고 떠난 파렴치한이라며 손가락질했고, 요코를 향해서는 한 가정을 파탄으로 몰고 갔

을 뿐만 아니라 비틀스 멤버들의 사이마저 갈라놓으려 하는 마녀
라는 질타를 쏟아냈다.

"어째서 남의 사생활에 그렇게 관심들을 두는 거지?"

"존, 신경 쓰여?"

"그냥 조금 한심하다는 생각이 드는군."

"나는 그렇게 생각하지 않는데? 전 세계가 우릴 주목하고 있어.
그게 응원이건 비난이건 별로 중요하지 않다고 생각해. 오히려 나
는 커다란 기회를 맞이한 기분이야!"

"기회?"

"생각해 봐, 모두가 우릴 주목하고 있는 지금같이 우리의 메시지
를 세상 사람들에게 알리기 좋은 기회가 또 있겠어?"

그들은 자신들의 사생활에 쏟아지는 대중의 관심을 이용하여 또
하나의 사회 운동을 펼치려는 계획을 세웠다. 예상대로 기자들은
그들의 결혼식뿐만 아니라 신혼여행에 대해서도 커다란 관심을 보
였다.

"레넌 씨, 신혼여행은 어디로 떠날 계획입니까?"

자신의 사생활을 쉽게 공개할 리 없다는 생각으로 기대 없이 던
진 기자의 질문이었다. 그런데 존은 뜻밖의 답변을 내놓았다.

"저희는 암스테르담으로 갑니다. 저희가 묵을 호텔과 방 번호까
지 알려드리죠. 마음껏 취재를 오셔도 좋습니다!"

며칠 뒤인 3월 28일, 기자들은 암스테르담에 구름같이 몰려들었다. 비행기에서 내리는 존과 요코는 둘 다 머리를 길게 늘어뜨리고 새하얀 옷을 입은 모습이었다. 기자들은 그들이 묵을 호텔방 안에까지 취재를 왔다. 존과 요코는 방에 도착하자마자 하얀 잠옷을 입고 종이를 꺼내어 무언가를 적기 시작했다. '침대에서 평화를!' '전쟁 대신 사랑을!' '전쟁은 끝났다!' 이러한 종이들을 방 안 곳곳에 붙여 놓고 그들은 침대에 올라가 누웠다. 평온한 얼굴로 이불을 덮은 채 그들은 기자들에게 평화와 반전에 대한 이야기들을 늘어놓았다. 다정한 모습으로 신혼여행을 즐기는 모습을 기대했던 기자들의 마음과는 달리, 그들은 그 며칠 내내 침대에서 그들이 전하고자 하는 메시지들을 이야기하고, 잠자고, 노래를 부를 뿐이었다.

"전쟁은 무의미한 희생을 낳을 뿐입니다. 폭력은 새로운 폭력을 낳을 뿐 아무것도 바꿀 수 없습니다."

"싸울 시간에 모두 사랑을 하세요. 전쟁보다 사랑이 훨씬 값어치 있는 일입니다."

이것은 사실 그들이 기획한 일종의 퍼포먼스였다. '베드 인(Bed In)'이라는 이름의 이 퍼포먼스에서 침대는 사랑을 상징하는 공간이고, 풀어헤친 머리와 하얀 옷차림은 순수한 상태를 나타내는 것이었다. 그들을 비난하는 대중 매체를 역이용하여 전쟁과 폭력으로부터 자유로운 사랑의 공간에서 본연의 모습으로 돌아가 평화를

이야기하고자 하였다.

베드 인 퍼포먼스에 대한 대중들의 반응은 뜨거웠다. 물론 지지와 비난이 함께 존재했다. 어떤 이들은 그들의 기발한 퍼포먼스와 그들이 전한 평화의 메시지에 찬사를 보냈고, 어떤 이들은 대중의 관심을 얻기 위한 미치광이의 수작에 불과하다며 그들을 헐뜯기도 했다. 하지만 이런 논란 역시 그들이 의도한 것이었다. 논란이 커지면 커질수록 그들이 전하고자 하는 메시지는 더욱더 주목받게 되었다.

영국으로 돌아오자마자 존이 가장 먼저 한 일은 또 다른 퍼포먼스였다. 존은 그의 법정 대리인을 불러놓고 자신의 회사 애플의 옥상에 올라가 사람들이 보는 앞에서 공개적으로 그의 이름을 바꿀 것을 선언했다.

"나 존 윈스턴 레넌은 오늘부로 이 이름을 버립니다! 국가주의를 상징하는 가운데 이름, '윈스턴'을 버리고 내가 사랑하는 여인의 이름을 넣을 겁니다! 나는 지금 이 순간부터 존 오노 레넌입니다!"

이 사건은 단순히 이름이 바뀐 것만을 의미하는 것이 아니었다. 국가라는 이념의 상징이었던 '윈스턴'이 있던 자리에 자신의 사랑 '오노'를 넣었다는 것은 그 어떤 이념보다 사랑이 더 중요하다는 그의 신념을 표현한 것이었다. 이 역시 베드 인 퍼포먼스의 연장이라 볼 수 있었다.

존과 요코는 내친김에 베트남 전쟁과 온갖 사회적 갈등으로 얼룩진, 그들이 처음부터 메시지를 전하고 싶었던 국가인 미국에서 베드 인 퍼포먼스를 한 번 더 열기로 마음먹었다. 그렇지만 그들의 뜻은 이루어지지 않았다. 얼마 전의 마약 소지 사건이 문제가 되어 미국으로의 입국 허가를 받지 못한 것이다. 아쉬운 대로 두 번째 베드 인은 캐나다의 몬트리올에서 열렸다. 이번에도 마찬가지의 취재 열기와 논란이 있었다. 장소가 미국과 바로 인접해 있는 캐나다였던 덕에 이번에는 미국 취재진이 몰려와 그들의 퍼포먼스를 TV로 생중계하기도 했다. 애초에 의도했던 성과는 이미 달성한 것이었다.

존은 베드 인 퍼포먼스를 준비하며 미리 작곡해 둔 노래 〈Give Peace A Chance〉를 몬트리올의 호텔에서 불렀다. 이 노래는 호텔 방에서 녹음한 채로 그대로 발표되었고, 존 레넌의 첫 번째 솔로곡이 되었다.

비난을 받기도 했지만 어쨌거나 존 레넌은 세계에서 가장 인기 있는 밴드 비틀스의 리더였고 세계에서 가장 영향력 있는 가수 중 하나이기도 했다. 그런 그가 이제는 정말 본격적으로 사회 운동에 뛰어들었음이 이 노래와 베드 인 퍼포먼스를 통해 전 세계에 알려지게 되었다. 〈Give Peace A Chance〉는 평화 운동 현장에서는 어디서든 들을 수 있는 노래가 되었고, 존 레넌은 이제 단순히 유명한 음악가를 넘어 세계에서 가장 영향력 있는 사회 운동가가 된 것이다.

마지막 앨범

'베드 인'을 성공적으로 마치고 런던에 돌아간 존은 다시 비틀스 멤버들을 만났다. 폴은 여전히 비틀스의 새 앨범을 재촉했고 그들은 또다시 앨범 녹음에 돌입했다. 녹음은 두 달 만에 무사히 끝났고 그렇게 새 앨범《Abby Road》가 탄생했다. 기존 앨범만큼의 명성은 얻지 못했지만 그래도 비틀스라는 이름이 무색하지 않을 정도의 좋은 작품이었다. 이 앨범은 무엇보다 앨범 표지 디자인이 지금까지도 수없이 패러디될 정도로 유명하다. 횡단보도를 건너는 네 명의 멤버들의 옆모습을 찍은 사진인데, 그 모습처럼 비틀스 멤버들은 곧 각자의 길을 떠나게 된다.

그토록 삐걱대던 그들이 새 앨범을 내놓을 수 있었던 것은 그것이 마지막임을 멤버들 각자가 어렴풋하게 알고 있었기 때문이었다. 여전히 폴은 자신의 의견대로 앨범을 만들어 가길 원했지만, 존과 조지 그리고 링고는 어차피 이것이 마지막임을 알고 있었기에 그의 의견에 고분고분 따라 주었다. 하지만 폴은《Abby Road》이후의 계획에 대해 여전히 고민하고 있었다.

앨범 발매를 바로 며칠 앞둔 1969년 9월 20일, 폴은 애플 사무실에 비틀스 멤버들을 불러 모았다.

"친구들, 이제 곧 앨범이 발표되는군. 본격적으로 다시 활동을 시작할 때야. 일단 세계 순회공연을 가장 먼저 해야 할 것 같아."

심각하게 이야기를 시작하는 폴에게 존이 말했다.

"폴, 이미 말했잖아. 더는 광대놀음을 하고 싶지는 않다고."

"뭐라고?"

"순회공연 말이야. 하고 싶지 않다고. 언제까지 그렇게 네 마음대로 결정하려고 하는 거야?"

"뭐라고? 존, 그렇게 공연이 지겨우면 토론토에는 왜 다녀온 거야? 공연이 싫다면서 거기서는 왜 공연을 한 거냐고!"

사실 존은 바로 며칠 전 토론토에서 열린 로큰롤 페스티벌에 초청을 받았다. 그는 비틀스가 아니라 자신의 밴드로 무대에 서겠다고 이야기했다. 그는 가깝게 지내던 유명한 연주자들을 끌어모아 바로 다음 날 토론토행 비행기에 올랐다. 연습이라고는 비행기에서 잠깐 맞추어 본 것이 전부였던 터라 무대를 거의 즉흥으로 꾸릴 수밖에 없었는데, 존은 이 공연에서 커다란 희열을 경험했다. 비틀스와는 또 다른 느낌의, 완전히 자유로운 방식으로 연주하면서 마치 무명 시절 함부르크의 작은 공연장에서 연주할 때와 같은 뜨거운 열정을 느꼈다. 이 공연으로 인해 존은 비틀스에 대해 어떤 결정을 내려야겠다고 생각했다.

"폴, 이제 인정해. 우리는 끝났어. 난 이제 비틀스가 숨 막힌다고. 그래, 마치 신시아처럼 말이지! 그만두겠어."

존은 자리를 박차고 일어나 사무실 밖으로 나갔다. 이날 이후 더는 비틀스 멤버가 정식으로 한자리에 모이는 일은 없었다.

비틀스, 해체하다

《Abby Road》 앨범은 예정대로 발표되었다. 그러나 비틀스는 더는 무대에 오르지 않았다. 존은 그저 자신의 앨범을 내기 위해 작업을 하거나 평화 운동을 할 뿐 다시 비틀스로 돌아가지 않았다. 그렇게 6개월이 지난 어느 날, 폴에게서 전화가 걸려 왔다.

"존, 잘 지냈나?"

"그래, 폴. 별일 없지?"

"그럼. 할 말이 있어서 전화했어."

존은 이미 폴이 무슨 말을 할지 알고 있었다.

"존, 네 말대로 비틀스는 여기까지야. 이제 나도 비틀스를 그만두겠어."

"그래. 이제 어쩔 생각이야?"

"나도 내 음악을 해야지."

"응, 그래야지."

다음 날 신문에는 폴 매카트니가 비틀스에서 탈퇴했다는 소식이 실렸다. 그것은 비틀스가 해체했다는 말과 같은 이야기였다. 1970년 4월의 일이었다.

비틀스는 1960년대 최고의 스타였고, 누군가는 그들을 1960년대의 상징이라고 이야기하기도 했다. 그런 그들이 1970년대의 시작과 함께 해체를 선언한 것이다. 비틀스를 사랑하던 수많은 팬은 슬픔과 충격에 휩싸였다. 누군가는 멤버들을 원망하기도 하고, 또 누군가는 그들의 새로운 시작을 축복하며 눈물을 흘렸다.

비틀스의 해체가 팬들에게만 충격적이었던 것은 아니었다. 1960년대가 끝나던 1970년은 존이 태어난 지 서른 해째가 되던 해이기도 했다. 자신의 십 대 시절의 일부와 이십 대 전부를 바친 비틀스를 떠난다는 것이 그에게도 결코 쉬운 일은 아니었다. 오히려 신시아와 줄리언을 떠날 때보다 더 큰 죄책감과 아픔이 밀려왔다. 이를 딛고 일어서기까지는 또 시간이 필요했다.

존 레넌, 폴 매카트니, 조지 해리슨, 링고 스타. 비틀스라는 그릇에 담기에는 각자의 음악 세계가 너무나도 커져 버린 네 사람이었다. 이제 그들은 비틀스라는 이름을 내려놓고 각자의 길로 떠나게 되었다. 그들이 해체를 선언한 바로 다음 달, 애플의 지하실에 감춰져 있던 그들의 작업물이 앨범으로 발표되었다. 그들의 마지막 작품인 《Let It Be》였다.

이 앨범의 수록곡 〈Across The Universe〉의 노랫말처럼 존 레넌은 이제 자신의 삶이 이끄는 곳을 향해, 사랑을 향해 마치 우주를 건너는 것처럼 낯설고 두려운 여정을 떠나게 되었다.

5장

평화로운 세상을 노래한
영원한 우상

홀로서기

훈장을 반납하다

1969년 11월, 영국 왕실에 한 통의 편지가 도착했다.

　폐하, 저는 영국군이 나이지리아–비아프라 내전에 개입한 것과 베트남 전쟁에서 미국을 지원한 것과 저의 노래 〈Cold Turkey〉가 차트에서 밀려난 것에 대한 반대의 의미로 이 MBE(영국 왕실의 훈장)를 반납합니다.

— 가방 속의 존 레넌

존 레넌과 비틀스 멤버들은 1965년, 영국 왕실로부터 MBE 훈장을 받은 일이 있었다. 대중 가수에게 왕실이 훈장을 내린 것은 매우 이례적인 일이었다. 그러나 비틀스가 해체하고 두 달 뒤, 존은 이와 같은 편지와 함께 훈장을 반납했다.

〈Cold Turkey〉에 대한 이야기는 존 레넌 특유의 유머였으므로, 중요한 부분은 나이지리아–비아프라 내전과 베트남 전쟁에 대한 이야기에 있었다. 마지막 '가방 속의 존 레넌'이라는 말은 당시 존과 요코가 심취해 있던 '배기즘(bagism)'과 연관이 있었다. 배기즘은 부대 자루 속에 들어가 있으면 마음의 평화가 얻어진다는 일종의 전위 예술 운동이었다. 이제 비틀스의 리더가 아닌 존에게 남은 것은 평화 운동가와 전위 예술가라는 정체성이었다. 비틀스 시절의 흔적인 훈장을 반납하며 지난날을 정리하는 한편, 평화의 메시지를 담아내면서 이러한 행위 자체를 전위 예술적 퍼포먼스로 승화시킨 이 모든 과정은 존이 비틀스에서 벗어나 새로운 존 레넌으로 거듭나겠다는 선언과도 같은 것이었다.

원초적 절규

존 레넌이 음악 외에도 문학, 미술 등 다양한 분야에 조예가 있다는 것은 널리 알려진 사실이었다. 그래서 존과 요코 부부의 우편함은 매일매일 전 세계의 작가들이 보내는 책들로 가득 차 있었다. 존은 주로 그것들을 대수롭지 않게 꺼내어 버려두곤 했는데, 어느 날

한 권의 책이 눈에 들어왔다. 러시아의 정신 분석학자 아서 야노프의 『원초적 절규, 원초적 치료법』이라는 책이었다. 현대인이 지닌 정신 질환 대부분이 유년기에 받은 어떤 상처 때문이라는 것은 이미 널리 알려진 정신 분석 이론이었다. 야노프 박사는 거기서 나아가 유년기의 상처를 발견하는 것에서 나아가 그 상황을 다시 체험하고 느끼며 고통을 받아야 그 상처에서 벗어날 수 있다는 이론을 펼쳤다.

"그래! 이거야!"

"응? 무슨 일이야, 존?"

"요코, 여기 나와 있는 사례들을 봐. 많은 사람이 어린 시절에 받은 상처로 인해 어른이 되어서도 고통받으며 살아가고 있어. 특히 부모와의 관계에서 받은 상처들이 결정적이라고 하는군. 어쩌면 내 마음의 병도 그런 것에서 생겨난 것인지도 몰라. 아니, 그게 확실해!"

존은 언제나 마음 깊은 곳에서부터 느껴지는 공허함에 시달리고 있었다. 그 공허함은 아주 어릴 적부터 지니고 있었다. 이것을 극복해 보려고 마약에 매달리기도 했고, 마하리시의 사상에 심취하기도 했다. 그러나 마약은 결국 자기 자신을 더욱 피폐하게 만들고 있었고, 마하리시 역시 그를 실망하게 하고 말았다. 더군다나 존은 당시 반복되는 이별로 인해 마음을 가누기 어려운 상황이었다. 브라이언 엡스타인이 갑작스레 세상을 떠났고, 오랫동안 자신의 전부와 다름없었던 비틀스마저 해체한 상황을 빨리 극복해야 자신이 갈망하던 평화 운동과 새로운 음악 활동을 해 나갈 수 있을 것 같았다. 그런 그에게 야노프 박사의 책은 마치 한 줄기 빛과 같이 느껴졌다. 존은 바로 전화기를 들었다.

"야노프 박사님, 안녕하십니까, 저는 존 레넌입니다."

"아, 레넌 씨, 책을 받으셨나보군요. 이렇게 연락 주셔서 감사합니다."

"박사님의 책을 읽고 깊은 관심이 생겼습니다. 박사님께 치료를 좀 받고 싶어서 연락드렸습니다."

"그렇다면 제가 런던으로 가지요."

존은 런던에서 야노프 박사를 만나 치료를 받기 시작했다. 박사는 존의 어린 시절에 관해 묻기 시작했고, 존은 어려서 받았던 상처들을 박사에게 털어놓기 시작했다.

"존, 눈을 감고 가장 가슴 아팠던 상황으로 돌아가 볼까요?"

"네. 저는 아빠의 손을 잡고 길 위에 서 있어요."

"아빠와 단둘이 있나요?"

"아니요, 눈앞에는 엄마가 있어요. 저에게 누구와 살 건지 물어보고 있어요."

"그래서 뭐라고 대답했나요?"

"아빠와 살래요."

"결국 아빠를 선택한 건가요?"

"아니요! 제가 잘못 선택했어요! 저는 엄마와 살 거예요!"

"존, 큰 소리로 엄마를 불러 보세요."

"엄마! 엄마!"

하염없이 눈물을 흘리며 있는 힘껏 소리를 치고 나니 어쩐지 마음이 조금 후련해진 것 같았다. 그날부터 존은 야노프 박사에게 집중 치료를 받았다. 엄마의 죽음과 사춘기 시절의 방황까지, 모든 것을 박사에게 털어놓았다.

3주간의 치료를 마치자마자 존은 요코와 함께 로스앤젤레스로 건너갔다. 그곳에는 야노프 박사의 진료소가 있었고, 거기서 4개월간 더 치료를 받았다. 치료 기간 내내 존은 자신의 내면으로 들어가 어린 시절의 자신과 마주하는 경험을 했고, 이것은 그에게 새로운 창작 욕구를 불어넣어 주었다.

Plastic Ono Band

로스앤젤레스에서 존은 야노프 박사의 진료 과정에서 마주한 과거의 기억들을 하나씩 적어 내려가곤 했다. 야노프 박사의 치료법대로 과거의 아픔들을 그대로 써 내려가니 이야기할 것들이 무수히 쏟아졌다. 영국으로 돌아와서도 그는 계속 노래를 만들었고 그렇게 해서 무려 서른 곡의 노래가 완성되었다.

어느 정도 곡이 모이자 그는 바로 비틀스의 앨범을 녹음했던 애비로드 스튜디오로 향했다. 그리고 비틀스의 앨범 작업을 도왔던 음악가들을 불러 모았다. 《Let It Be》의 프로듀서였던 필 스펙터, 미술가이자 음악가로 오래전부터 함께 작업했던 클라우스 부어만 그리고 이미 유명한 가수이자 작곡가였던 빌리 프리스턴이 함께했고, 함께 비틀스 생활을 했던 링고 스타가 드럼을 연주했다.

비틀스의 앨범을 작업할 때보다 존은 열정적이었고, 행복해 보였다. 하지만 그의 노래들은 그가 받았던 상처들을 너무나도 적나라하게 드러내고 있었다. 스튜디오에서 녹음하면서 그는 자주 눈물을 흘렸다.

특히 〈Mother〉와 같은 노래에는 엄마와 아빠 중 한쪽을 선택해야 했던 가혹한 상황과 엄마의 사랑을 원 없이 받지는 못했던 유년 시절 그리고 여전히 남아 있는 부모님에 대한 그리움이 고스란히 담겨 있었다. 그래서 이 노래들을 부르는 것은 존에게는 커다란 고통인 한편, 그 자체로 자신의 마음을 치료하는 방식이기도 했다.

이렇게 탄생한 존 레넌의 솔로 앨범 《Plastic Ono Band》는 단순한 악기 구성으로 채워졌다. 기타와 베이스, 건반과 드럼이 등장할 뿐이었다. 그래서 존의 절규는 더욱더 처절하게 들린다. 존이 새 앨범을 낸다는 소식을 듣고 비틀스다운 음악을 기대했던 대중들은 이 앨범을 듣고 당혹스러웠을 것이다. 더군다나 존은 이 앨범을 홍보하기 위한 어떤 노력도 하지 않았다. 이러한 이유로 앨범의 판매량이나 차트 순위는 비틀스 시절에 비하면 형편없었고, 각자의 앨범을 낸 폴 매카트니나 조지 해리슨이 누린 인기에 비해서도 한참 미치지 못했다. 그러나 당시의 평론가들은 그가 생각하는 사랑에 대한 관념이 담긴 〈Love〉나 자신의 사회적 성향을 담은 〈Working Class Hero〉와 같은 훌륭한 곡이 많이 담긴 존 레넌의 솔로 앨범에 대해 호평을 내놓았고, 현재까지도 꼭 들어 봐야 할 명반으로 평가되고 있다.

특히 앨범의 마지막 부분에 수록된 곡 〈God〉을 통해 존은 끝나 버린 60년대 그리고 끝나 버린 자신의 20대, 끝나 버린 비틀스에게 작별을 고했다. 그러면서 존 레넌 자신으로 다시 태어나 자신의 길을 걷겠다고 선언했다. 비틀스를 벗어난 존은 이처럼 홀로서기에 성공한 것이다.

메시지를 담아 곡을 쓰다

Power To The People

1971년 3월, 존 레넌은 『레드 몰(Red Mole)』이라는 잡지와 인터뷰를 가졌다. 『레드 몰』은 영국의 새로운 사회 운동 세력인 '뉴 레프트'가 발행하는 사회 운동 잡지였다.

"레넌 씨, 이렇게 와 주셔서 고맙습니다."

"아니요, 알리. 시가행진 일은 미안하게 됐습니다."

"아닙니다. 충분히 이해합니다. 이렇게 인터뷰에 와 주신 것만으로도 감사합니다."

『레드 몰』의 타릭 알리는 파키스탄계 사회 운동가였다. 그는 존에게 베트남 전쟁을 반대하는 시가행진을 함께해 달라고 요청했지만, 자칫 폭력 사태가 될 수도 있는 직접적인 행동에는 비판적인 견해를 지니고 있던 존으로서는 응할 수가 없었다. 그 대신『레드 몰』과의 인터뷰에 응하게 된 것이다.

"그럼 질문하겠습니다. 존, 최근 당신의 활동을 보니 당신이 좀 더 급진적이고 정치적인 시각으로 나아갔다는 인상을 받았습니다. 언제부터 그렇게 변화한 것이죠?"

"저는 언제나 정치적인 태도를 가지고 있었고, 현 상황에 반대하는 견해에 있었죠. 당신도 나처럼 자랐다면 경찰을 증오하고 미워했을 거예요. 경찰은 우리의 적이고 군대는 사람들을 어디로 데려가서 죽인다고 생각했죠. 저는 이것이 노동 계급의 본능이라고 말하고 싶은 겁니다. 나이를 먹고 가족이 생기고 제도에 편입되면서 차츰 이런 생각에서 벗어날 수는 있겠지만 말이죠."

존 레넌은 젊은이들이 혁명에 뛰어들어야 한다면서 정부에 대항하여 투쟁하고 권력을 무너뜨려야 한다고 강조했다.

이 인터뷰는 사회 운동에 대한 존의 시각이 이전과 달라졌음을 보여 준다. 존은 간디의 비폭력주의를 바탕으로, 모든 종류의 폭력과 갈등을 비판해 왔다. 전쟁을 멈출 수 있는 것은 사랑이고, 평화를 위협하는 어떤 행동도 해서는 안 된다고 주장해 왔다. 그랬던 그가 평화 운동만으로는 사회를 변화시키는 데 한계가 있음을 인정하고 직접적인 행동을 독려한 것이다.

그는 인터뷰를 마치고 곧바로 노래를 한 곡 만들었다. 혁명가, 노동자, 여성들에게 적극적으로 행동할 것을 주문하는 이 노래 〈Power To The People〉은 곧바로 싱글 앨범으로 발매되었고, 세계 각지의 집회 현장에서 널리 불리게 되었다.

이후 존은 미국과 영국의 뉴 레프트 세력을 후원하기도 하고, 직접 시위에 참여해 시위대와 함께 자신의 노래를 부르는 모습을 보여 주기도 했다.

Imagine

어느 날 존은 비틀스의 멤버였던 조지 해리슨을 만났다. 비틀스의 해산이 불화 때문이었고, 그 불화의 원인에 존과 요코가 있었던 것은 사실이다. 하지만 결정적인 계기는 폴과 다른 멤버들의 불화였다. 존과 조지 그리고 링고의 관계에는 커다란 문제가 없었고 그들은 비틀스 해체 이후에도 꾸준히 교류해 왔다.

"존, 지난 앨범은 잘 들었어. 정말 너다운 앨범을 만들었더군."

"고마워. 나도 마음에 들어. 의미 있는 작업이었어."

"그런데 왜 그렇게 얼굴빛이 안 좋은 거야?"

"지금 음악을 행복하게 하는 건 사실이지만, 어쩐지 대중들로부터 외면받고 있다는 느낌이 들어. 꼭 판매량을 의식하는 건 아니지만, 폴이나 너는 앨범을 거의 비틀스 활동을 할 때만큼 팔았잖아.

음반사에 눈치도 덜 보이고 말이야."

"훌륭한 친구들을 모은 것으로 알고 있는데, 링고도 함께한다고 들었고. 그들의 의견은 어때?"

"링고는 어디까지나 드럼 연주자고, 이번 앨범에는 빠지겠다고 해. 자기 앨범을 준비할 모양이야. 다른 친구들은 뛰어나긴 하지만 한계가 있는 친구들이야. 그래서 말인데, 이번 앨범에는 네가 참여해 주면 어떨까?"

"나야 언제든 환영이지."

조지 해리슨은 흔쾌히 존의 제안을 받아들였다. 그들은 존의 지난 앨범에 참여했던 클라우스 부어만 그리고 새로운 연주자들과 함께 녹음에 돌입했다. 모두가 각 분야에서 명성을 떨치고 있는 연주자들이었다.

존이 가져온 새로운 곡들은 그간 존의 행보가 모두 녹아 있는 것들이었다. 지난 앨범 《Plastic Ono Band》에서 들려주었던 '원초적 절규' 요법에 기반한 솔직한 내면과 사회 운동가로서 가슴에 품게 된 사회적 메시지들이 균형감 있게 담겨 있었다. 요코와 전위 예술을 하면서 만들어진 독창적인 음악 세계에 조지 해리슨을 비롯한 최고 음악가의 연주가 더해져 대중들도 충분히 호응할 만한 작품을 만들게 되었다. 그렇게 존 레넌이 평생 만든 곡 중 현재까지 가장 많은 대중들이 열광한 노래이자 그의 사상의 핵심이라 할 수 있는 작품 〈Imagine〉이 탄생하여 앨범의 타이틀곡이 되었고, 앨범의 제목 역시《Imagine》으로 결정되었다.

존은 종교와 국가 그리고 무언가를 소유하고자 하는 욕망에서 모든 갈등이 시작된다고 생각하며 이 곡, 〈Imagine〉을 썼다. 거기서 그는 종교와 국가 같은 공동체가 존재하고, 그들이 다른 종교와 다른 국가를 배척하기 때문에 전쟁이 일어난다고 보았다. 자본가들이 불필요하게 많은 재산을 축적하기 때문에 사회적 계급이 발생하고, 누군가는 굶주리고 있다고 생각했다. 종교와 국가, 사회적 계급을 뛰어넘는 인류애만이 세상을 평화롭고 아름답게 만들 수 있다고 믿었다. 또한 그러한 믿음이 비현실적이라고 믿는 이들에게는 이것이 자기 혼자만의 생각이 아니며, 당신만 참여한다면 현실이 될 수 있을 거라는 의지까지 보여 주었다.

이 노래는 온건하고 따뜻한 어투를 사용했기 때문에 얼핏 들으면 〈Power To The People〉이나 〈Give Peace A Chance〉에 비해 정치색이 옅은 곡으로 여겨질 수 있다. 하지만 가사를 자세히 보면 이 노래는 그 어떤 노래보다 급진적인 사상을 품고 있다는 것을 알 수 있다. 종교와 국가가 없다면 더 아름다운 세상이 될 것이라는 말은 종교와 국가에 대한 강력한 비판이나 다름없다. 모든 이들이 소유하지 않고 세상을 공유해야 한다는 말은 자본주의를 무너뜨리기 위한 사회주의 혁명의 필요성을 이야기하는 것이다. 하지만 부

드러운 단어들과 멜로디 때문에 많은 이들로부터 제대로 이해받지 못했다. 폴 매카트니는 한 인터뷰에서 "저는 이 앨범이 마음에 듭니다. 그동안 존은 너무 정치적이었어요."라고 말했고, 존 레넌이 드디어 정치성을 내려놓고 자본과 타협한 것이 아니냐는 이야기가 곳곳에서 들려왔다. 존은 이러한 평가에 분개하며, 누가 뭐래도 이번 앨범이 자신이 만든 최고의 작품이라 말했다.

자신의 내면에 대한 이야기와 사회적인 메시지를 담은 곡들이 고르게 배치된 이 앨범에서 화제가 된 또 하나의 곡은 〈How Do You Sleep〉이라는 노래였다.

존은 이 노래를 통해서 폴을 정면으로 공격했다. 존은 비틀스의 해체 원인이 모두 폴의 탓이라 믿었고, 폴이 정치적인 색채를 절대 드러내지 않는 것을 비열하다고 생각했다. 존과 마찬가지로 생각하고 있던 조지 해리슨도 기타 연주로 이 노래에 합세했다.

폴에게는 아주 충격적인 일이었지만, 다정했던 멤버 간의 불화는 대중들에게는 더할 나위 없는 흥밋거리였다. 어쨌거나 이 앨범은 차트의 1위를 차지하지는 못했지만, 빌보드 차트 3위에 올라 30주 동안 차트 안에 머물며 슈퍼스타 존 레넌의 건재함을 알렸다.

탄압을 받다

뉴욕으로

1971년 11월, 오노 요코가 초조한 얼굴로 존 레넌을 불렀다.

"존, 나 뉴욕에 가 봐야 할 것 같아."

"왜? 무슨 일 있어?"

"쿄코와 토니가 연락이 되질 않아."

토니 콕스는 요코의 전 남편이고, 쿄코는 그와 요코 사이에서 태어난 딸이다. 그들이 이혼한 뒤 쿄코는 토니 콕스와 뉴욕에서 살고 있었는데, 그들의 연락이 끊긴 것이다. 존은 잠시 생각에 잠겼다가 이야기를 꺼냈다.

"요코, 우리 뉴욕으로 가자."

존과 요코는 서둘러 뉴욕으로 갈 준비를 했고, 며칠 만에 비행기에 올랐다. 단지 쿄코를 찾기 위한 짧은 여정이 아니었다. 존과 요코는 아예 영국을 떠나 뉴욕으로 거처를 옮기기로 마음먹었다.

　사실 그들의 이주가 단지 이 사건 때문만은 아니었다. 요코와 토니 콕스 사이에는 쿄코의 양육권을 사이에 둔 분쟁이 있었고, 그들이 잠적한 원인이 거기에 있다는 사실은 쉽게 예상할 수 있었다. 사실 존에게는 정치적인 이유가 더 컸다. 존은 영국에서의 사회 운동에 대해 몇 가지 한계를 느끼고 있었다. 영국 사회는 계급 의식이 강했다. 존은 비록 노동자 집안 출신이지만 어쨌거나 지금은 세계적인 슈퍼스타이고, 어마어마한 부를 소유한 갑부였다. 그런 그가 사회주의적 사상을 바탕으로 한 운동을 펼치는 것을 많은 사람이 곱지 않은 시선으로 바라보곤 했다. 또한 전쟁이나 불평등과 같은 문제의 해결을 위해서는 영국보다 미국에서의 운동이 효과적이라 판단했다. 베트남 전쟁에 가장 깊게 관여하고 있는 나라는 미국이었고, 온갖 갈등이 터져 나오는 근원지도 미국이었다. 미국에서 아무것도 해결되지 않는다면 영국에서 역시 어떤 변화도 기대하기 힘들었다. 무엇보다 미국 내 사회, 정치 운동가들은 존 레넌과 오노 요코 부부가 필요했다.

　미국으로 이주하기 몇 달 전, 그들은 미국의 평화 운동가이자 무정부주의자였던 제리 루빈과 애비 호프만을 만난 적이 있다. 이들이 속한 단체는 '청년 국제당'이라는 이름의 정당으로, 히피들과 학생들이 주류를 이루었다. 이들은 1968년 대통령 선거 때는 베트남 전쟁에 대한 반대의 의미로 돼지 한 마리를 대통령 후보로 내기도 하는 등 급진적인 활동으로 주목받던 신좌파 세력이었다. 자신과 비슷한 방식의 운동을 전개해 나가는 청년들과의 만남 이후로 존은 미국 내 정치 운동 세력들을 지원해야겠다는 마음을 먹게 되었다.

미국으로 건너간 다음 달인 12월, 존과 요코는 앤아버라는 작은 도시에서 열린 한 공연에 참여했다. 미국의 시인이자 급진적 정치 운동가인 존 싱클레어의 석방을 위한 자선 공연이었다. 급진주의 정치 조직인 '화이트 팬서당'을 조직하고 청년 국제당과 함께 적극적으로 사회 운동을 펼치던 존 싱클레어는 혁명을 위해서라면 과격한 행위도 정당화될 수 있다는 의견을 피력했다. 그는 마약 판매 혐의로 징역 10년 형을 받고 2년째 수감 중이었다. 그런데 그에게 마리화나를 구매한 이들이 경찰관이었다는 사실이 밝혀지고, 정부가 그를 투옥하기 위해 표적 수사를 한 것이 아니냐는 의혹이 제기되며 그에 대한 석방 운동이 전국적으로 퍼진 것이다. 수많은 가수와 연사들이 무대를 채우고 난 뒤 한밤중에야 존은 무대에 올랐다. 세계적인 스타 존 레넌이 그들을 지지하기 위해 무대에 올랐다는 것만으로도 그곳에 있던 모든 이들이 열광했다.

"여러분, 플라워 무브먼트는 실패했습니다. 꽃으로는 아무것도 바꿀 수가 없었어요. 그래서 우리는 여기서 다시 시작해야 합니다! 우리는 싸워야 합니다! 존 싱클레어는 곧바로 석방되어야 합니다! 존 싱클레어를 석방하라!"

곧이어 존은 이날을 위해 준비한 노래 〈John Sinclair〉를 불렀다. 존 레넌이 참여한 이 집회의 영향력은 이전의 어떤 집회보다도 커다란 영향력을 미쳤고, 존 싱클레어는 존이 무대에서 내려온 뒤 55시간 만에 석방되었다.

제리 루빈과 애비 호프만을 비롯한 미국의 사회 운동가들은 존 레넌이라는 인물이 가지는 정치적 영향력에 대해 감탄할 수밖에 없었다. 그들의 오랜 노력으로 이뤄내지 못한 존 싱클레어의 석방이 존 레넌의 가세로 인해 이틀 밤 만에 이루어진 것은 놀라운 일이었다. 더 많은 집회 현장이 존을 원하게 된 것은 당연한 일이었다.

일주일 뒤에는 뉴욕 할렘가의 한 극장에서 열린 자선 공연 무대에 섰다. 그해 뉴욕의 아티카 주립 교도소에서는 끔찍한 일이 벌어졌다. 임금 지급 문제와 종교 박해 등의 이유로 재소자들이 폭동을 일으킨 것이다. 이들은 42명의 교도관을 인질로 잡고 경찰과 대치했고, 정부는 군인 1000명을 투입하여 이들을 진압했다. 정부군의 사격으로 재소자 32명이 사망하고 교도관 10명이 사망했는데, 이날의 공연은 그들을 추모하기 위한 공연 무대였다. 이 사건은 재소자와 정부 간의 싸움을 넘어서 흑인 인권 문제로 확산하였다. 희생자 대부분이 흑인이었기 때문이다. 그곳에서 존은 이 사건에 대한 애도의 마음을 담아 만든 노래 〈Attica State〉를 불렀고, 이날 공연은 미국 전역의 흑인 인권 운동에 더 큰불을 지피는 계기가 되었다.

Some Time In New York City

뉴욕에서 생활하는 동안 존 레넌은 크고 작은 시위 현장에 모습을 드러냈고, 매번 그 영향력을 발휘하며 대중의 마음을 움직였다. 노래는 그것을 가능하게 한 중요한 수단이었다. 다양한 사회적 문제에 개입할 때마다 존은 그에 대한 생각을 노래로 만들었는데, 앞서 이야기한 〈John Sinclair〉나 〈Attica State〉가 대표적이다. 이러한 노래들을 모아 녹음한 작품이 그의 세 번째 앨범인《Some Time In New York City》이다. 이 앨범은 전에 발표했던 어떤 앨범들보다 직설적인 방식으로 그의 사회적 메시지를 이야기하고 있다.

〈Woman Is The Nigger Of The World〉라는 노래는 흑인이 차별받듯 여성도 차별에 시달리는 존재라는 이야기를 하고자 만든 노래였다. 사회적인 메시지를 가득 담아 만든 〈Imagine〉이 사회적인 메시지가 부족한 노래라는 오해를 받았던 탓일까, 이번에는 아름다운 은유나 상징보다는 마치 구호를 외치듯 직접 메시지를 전달하는 방식을 택했다.

영국으로부터 독립하고자 하는 북아일랜드를 지지하기 위해 쓴 〈Sunday Bloody Sunday〉〈The Luck Of The Irish〉, 흑인 인권 운동가 안젤라 데이비스를 위해 만든 〈Angela〉 등의 노래에서 역시 마찬가지로 이전과는 다르게 직설적인 어투가 사용되었다.

그러나 이 앨범은 비평가들의 혹평을 받았고, 판매 측면에서도 실망스러운 결과를 낳고 말았다. 음악을 사회적으로 혹은 정치적으로 사용할 수도 있지만, 결국 음악은 예술 장르 중 하나이기 때문에 아름다워야 한다는 게 당시의 생각이었다. 존은 사회 운동에 지나치게 심취한 나머지 이번 앨범에서는 그런 면을 놓치고 만 것이다. 메시지에 지나치게 집중한 탓에 음악적으로는 퇴보하고 말았다는 평가를 받기도 했고, 메시지 역시 지나치게 직설적인 탓에 대중의 마음에 와닿지 않는다는 의견이 다수였다.

존 역시 이러한 평가에 어느 정도 수긍하는 모습을 보였다. 자신이 봐도 이전의 작품에 비해 부족했다는 사실을 인정했고, 이러한 태도는 이후의 작품에도 영향을 끼쳤다. 사실 이 앨범이 그렇게 형편없는 작품은 아니었다. 그 주인공이 누구인지를 가리고 듣는다면 그럭저럭 괜찮은 앨범이라는 평가를 받을 수도 있을지도 모를 앨범이었다. 그러나 그는 대중과 평론가들의 기대를 한 몸에 받는 존 레넌이었다. 이러한 평가는 그가 짊어져야 할 숙명과도 같은 것이었다.

추방 명령

존의 사회적 영향력은 점점 더 커져만 갔다. 대중들은 존의 일거수일투족에 관심을 보였고, 그가 참여하는 집회들이나 그의 정치적 발언들 역시 커다란 주목을 받았다. 이러한 현상은 제리 루빈이나 애비 호프만을 비롯한 사회 운동가들에게는 반가운 일이었지만, 미국 정부의 입장에서 보면 달갑지 않은 일이었다. 정부는 그의 영향력에 힘입어 신좌파 단체들이 대중들의 인기를 얻는 것도, 나아가 그것이 미국의 선거에 영향을 미치는 것도 부담스러웠다. 정부는 FBI(미국 연방 수사국)와 CIA(미국 중앙정보부)와 같은 정보기관을 통해 존과 요코를 사찰하기 시작했다. 그리고 지금까지 영주권을 얻지 못하고 있는 존을 더는 미국에 머물지 못하도록 하는 방법을 고민하게 되었다. 그리고 드디어 그들을 미국에서 내쫓을 구실을 찾아냈다.

1972년 2월, 체류 기간이 만료된 존은 체류 연장 신청서를 뉴욕 시에 제출했다. 그리고 한 달 뒤 한 통의 편지를 받게 된다.

존 레넌의 체류 연장 신청이 승인되지 않았음. 3월 15일까지 출국을 완료할 것.

편지를 받아 든 존은 황당했다. 소득 수준으로 보나, 사회에 기여한 정도를 보나 자신이 영주권을 받지 못할 이유가 없었다. 그래서 그는 변호사를 선임하여 미국 이민국에 이의를 제기했다.

"도대체 왜 체류 연장 신청이 거부당한 겁니까?"

"레넌 씨, 영국에서 전과가 있군요? 마약 소지죄로 구속된 적이 있지요?"

"그것은 영국 정부의 수사 조작에 의한 것이었습니다."

"어쩔 수 없어요. 미국 정부는 전과자에게 영주권을 주지 않습니다."

존은 이상하다는 생각이 들었다. 그는 영국에서 크게 처벌을 받은 것도 아니었다. 그 사건이 미국 영주권을 받는 데 영향을 줄 정도로 중대하다는 느낌은 들지 않았다. 그는 변호사에게 물었다.

"정말 내 전과 때문에 거부당한 것 같아요?"

"내 생각에는 다른 이유가 있는 것 같습니다."

"무슨 이유가 있는 걸까요?"

"아마, 당신의 정치적 영향력 때문인 것 같습니다."

"그게 무슨 이야기죠?"

"당신은 젊은이들의 전폭적인 지지를 받고 있어요. 그리고 베트남 파병을 비롯한, 닉슨 대통령의 많은 정책에 반대하는 운동을 펼치고 있죠."

"설마 선거 때문일까요?"

"그저 추측이지만 그럴 가능성을 생각하지 않을 수 없어요. 다가올 선거에서 당신으로 인해 대통령이 재선에 실패할 수도 있으니까요."

미국으로부터 추방 명령을 받은 것이 정부의 음모라는 사실을 깨닫고 나니 존은 두려움에 휩싸였다. 언젠가는 그를 미행하는 사람을 발견하기도 했고, 방이 뒤져지거나 통화 내용이 도청당한 흔적을 발견하기도 했다. 하지만 그의 정치적 신념을 꺾을 수는 없었다. 존은 계속해서 베트남 전쟁에 반대하는 평화 운동을 전개해 나갔고, 자신을 추방하려는 미국 정부를 규탄하는 메시지를 발표하기도 했다. 그럴수록 미국 정부는 존의 추방을 재촉하며 더욱 강한 압박을 가해 왔다.

존이 선택할 수 있는 마지막 수단은 닉슨 대통령을 선거에서 낙선시키는 것이었다. 닉슨의 상대 후보를 지지하여 그를 당선시킨다면 미국 정부 입장에서도 굳이 그를 쫓아내야 할 이유를 잃게 되는 것이었다. 그러나 정세는 그의 뜻대로 흘러가지 않았다. 닉슨 대통령은 압도적인 표 차로 재선에 성공했다. 또다시 추방 명령을 받은 존에게는 싸울 힘이 남아 있지 않았다.

전설이 되다

잃어버린 주말

닉슨 대통령이 재선에 성공하던 날, 존은 제리 루빈의 집을 찾아 갔다. 루빈의 집에는 다른 사회 운동가들도 모여 있었다.

"이제 어떻게 하면 좋지? 닉슨이 이렇게 압도적으로 이기다니! 추방 명령은 철회되지 않을 거야!"

"걱정 마요, 존. 여전히 당신을 응원하는 동지들이 있어요. 더 많은 사람의 의견을 모은다면 해결할 수 있을 거예요."

"웃기지 마! 나에게 쏟아지는 위협을 당신들이 알기나 해? 당신들에게 무슨 힘이 있다는 거야! 나는 그만두겠어!"

이후로 존은 모든 사회 운동가들과 관계를 끊고 앨범 작업에 매달렸다. 새 앨범《Mind Games》를 녹음했지만, 거기에는 정치적인 색채가 많이 드러나지 않았고, 마음의 평화를 위한 동양 철학에 대한 관심이 주로 담겨 있었다. 존이 더는 사회 운동에 참여하지 않는다는 사실은 FBI를 통해 닉슨 정부에도 보고되었고, 존 역시 자신을 향한 미국 정부의 감시가 눈에 띄게 줄어들었음을 느꼈다. 그럴수록 두려움은 어느 정도 해소되었지만, 존의 마음에는 거대한 권력 앞에 굴복하고 만 것 같은 패배감과 허탈감 그리고 죄책감이 자리 잡았다.

1973년 3월, 요코는 최근 콕스와의 법정 공방에서 승리했고, 쿄코의 양육권을 되찾게 되었다. 하지만 콕스는 또다시 쿄코와 함께 잠적해 버린 상태였다. 콕스는 요코가 존과 함께 미국을 떠날 날만을 기다리고 있었다. 폐인과 다름없이 지내던 존에게 요코가 말을 건넸다.

"존, 나 영주권이 나왔어."

"잘됐군. 요코 당신에게는 전과도 없으니."

"이제 본격적으로 쿄코를 되찾을 생각이야."

"그 말은 나 혼자 추방되라는 이야기로 들리는군. 내가 누구 때문에 이렇게 됐는데."

"그게 무슨 말이야?"

"애초에 미국에 온 것도 그리고 사회 운동을 한 것도 모두 당신 때문이었는데, 당신은 이제 나에게 혼자서 추방당하라고 말하고 있잖아?"

"존, 나는 당신을 떠나지 않아."

"아니, 나는 이제 당신이 필요 없어."

존에게 요코는 단지 아내로서만 의미 있는 존재가 아니었다. 그녀는 자신의 정치적, 예술적 동지이고 스승이었다. 그런데 존 자신은 그 정치 활동으로 인해 이토록 탄압을 받고 있었다. 발표한 앨범마저 성공을 거두지 못한 존에게 요코는 이제 자신보다 나이가 일곱 살이나 많은 지겨운 여인으로 여겨질 뿐이었다.

머지않아 존은 다른 여자에게 눈길을 주기 시작했다. 그녀의 이름은 메이 팡, 불과 스물두 살의 중국계 여성이었다. 그녀는 요코가 고용한 비서였는데 주로 존과 요코의 스케줄을 관리했다. 메이는 젊고, 예술이나 사회 운동에 빠져 있지도 않았다. 요코에게서 마음이 떠난 존은 메이를 유혹했고, 메이 역시 존에게 연애 감정을 갖게 되었다.

요코는 둘의 관계를 금방 알아차릴 수 있었다. 그러나 존을 질책하지는 않았다. 비록 그가 메이와 부적절한 관계를 쌓아 가고 있었지만, 잠시만 눈감아 주면 자신과의 관계는 흔들리지 않을 것이라 믿었던 것이다. 그러나 존과 메이의 관계는 갈수록 깊어졌고, 더는 그냥 바라볼 수만은 없게 되었다.

"존, 이 집에서 나가는 게 어때?"

"무슨 말이야?"

"나 당신과 메이의 관계를 알고 있어."

"그랬군."

"당신을 비난하고 싶지는 않아. 당신과의 관계를 끊고 싶지도 않고."

"그럼 어쩌자는 거야?"

"일단은 메이와 지내고 싶다면 그렇게 하라는 얘기야."

존이 메이에게 끌리는 것은 단지 그녀가 젊고 예쁜 여자이기 때문이라고 요코는 생각했다. 자신이 채워 주지 못하는 부분을 그녀가 채워 주리라며 받아들이기로 마음먹었다. 그렇더라도 끝내 존의 마음에는 자신의 자리가 남아 있으리라 생각했다. 메이와 한때를 보내고 나면 분명히 자신에게 돌아와 주리라 요코는 믿었다.

1973년 10월, 존은 집을 나와 메이와 함께 로스앤젤레스로 떠났다. 뉴욕과는 달리 낮에는 여유롭고 밤에는 음악이 흐르고 어디서나 파티가 열리는 로스앤젤레스에서 지친 마음을 쉬고 싶었던 것이다. 그러나 존은 좀처럼 마음의 안정을 찾지 못했다.

존은 하루하루를 술로 보내며 심각한 알코올 중독에 빠지게 되었다. 매일 술에 취해 난동을 부렸다. 물건을 부수기도 하고 처음 보는 사람들 그리고 심지어 메이에게도 욕을 퍼붓기도 했다. 다른 음악가들의 공연장에서 행패를 부리기도 했고, 옷을 벗은 채 호텔 로비를 활보하기도 했다. 그런 모습이 연일 신문 1면을 장식했다. 언론은 미치광이 같은 존의 행동들과 그의 내연녀인 메이에 대한 기사를 쏟아 내기 바빴다.

거의 10개월 정도를 술에 취해 사고를 치며 보낸 뒤 존은 뉴욕으로 돌아왔다. 그와 같은 방탕한 생활을 더 계속할 수는 없다는 생각이 들었기 때문이었다. 존은 자신이 메이와는 오랫동안 행복할 수 없다는 사실을 깨달았다. 자신의 모든 것을 공유하며 어머니처럼 믿고 의지할 수 있는 유일한 존재는 오노 요코뿐이라는 사실을 인정하면서도 이제 와서 차마 그녀에게 돌아갈 수는 없었다.

그런 존에게 그나마 위안이 된 사람이 둘 있었다. 한 사람은 그의 아들 줄리언 레넌이다. 이 무렵 존은 신시아와의 이혼 후 연락이 끊겼던 줄리언과 연락이 닿아 주기적으로 함께 시간을 보낼 수 있었다. 그해 크리스마스에 존은 줄리언을 위한 선물을 준비했다.

"줄리언, 왜 너의 이름이 줄리언인지 아니?"

"엄마가 말해 줬어요. 할머니 이름에서 따온 이름이라고."

"그래. 내 어머니, 그러니까 네 할머니의 이름, 줄리아에서 따온 거란다. 자, 이걸 받으렴."

"어? 기타잖아요?"

"그래. 아빠의 첫 기타도 할머니가 선물해 주셨거든. 그 덕분에 아빠는 이렇게 가수가 됐지. 너의 첫 기타는 꼭 아빠가 선물하고 싶었단다."

위태로웠던 존의 마음을 다잡아 준 다른 한 사람은 존의 오랜 친구이자, 때로는 앙숙이었던 폴 매카트니였다. 어느 날 폴이 존의 스튜디오에 찾아왔다. 처음에는 어색한 분위기였지만, 곧 함께 기타를 연주하며 다시 옛날처럼 사이좋은 친구 사이로 돌아갈 수 있었다. 둘은 이따금 만나 비틀스를 떠나 조금씩 다른 방향으로 성장한 서로의 음악 세계에 대해 이야기하며 즐거운 시간을 보내곤 했다.

그러나 존에게는 줄리언도, 폴도 채워 줄 수 없는 공허함이 여전히 남아 있었다. 끊임없이 자신을 괴롭히는 공허함을 떨쳐 내기 위해 존은 음악 작업에 더욱 매달릴 수밖에 없었다. 한 달 내내 스튜디오에 살다시피 했던 존은 새 앨범《Walls And Bridges》를 완성했다.

이번 앨범에도 정치색은 드러나 있지 않았다. 마음속에 혼란만이 가득했던 존은 예전처럼 사회적인 고민을 할 수 있는 여력이 없었다. 앨범에는 그저 존의 공허한 마음과 요코에 대한 그리움이 드러나 있을 뿐이었다.

훌륭한 재능에 절박한 마음이 더해지면 걸작이 나오기 마련이다. 혹평을 받은 지난 작품들과는 달리 이번 앨범은 평론가들에게 좋은 평가를 받았다. 대중들 역시 이 앨범에 열광했다. 특히 존 레넌 못지않은 영국의 또 다른 천재 음악가, 엘튼 존이 참여한 노래

〈Whatever Gets You Thru The Night〉는 존이 비틀스를 탈퇴한 이후 처음으로 그에게 빌보드 차트 1위의 영예를 안겼다.

재회

〈Whatever Gets You Thru The Night〉를 녹음할 당시의 일이다. 녹음을 마친 엘튼 존은 흡족한 얼굴로 존에게 말했다.

"존, 두말할 것도 없어. 이번 곡은 분명 어마어마한 히트곡이 될 거야."

"하하, 엘튼, 그러면 좋겠지만 나는 이제 더는 비틀스의 존 레넌이 아니야. 대중들은 옛날처럼 내 음악에 열광하지 않는다고."

"아니야, 내 말을 믿어. 이건 분명 히트할 거야. 차트 1위는 떼어놓은 당상이라고."

"정말 그렇게 된다면 내가 자네 콘서트에 출연해서 노래를 하겠어!"

"좋지! 두고 보라고!"

엘튼 존의 말대로 〈Whatever Gets You Thru The Night〉는 빌보드 차트 1위를 거머쥐었고, 존은 약속을 지켜야 했다. 그는 1974년 11월, 뉴욕의 매디슨 스퀘어 가든에서 열린 엘튼 존의 콘서트 무대에 올랐다. 기타를 메고 무대에 서서 호흡을 고르다가 그는 객석에서 낯익은 얼굴을 찾았다. 그가 그토록 그리워한 여인, 오노 요코였다. 요코는 이날 존이 무대에 오른다는 사실을 듣고 일부러 그곳을 찾은 것이었다. 무대를 마치고 존과 요코는 짧은 인사를 나누었다.

"노래 잘 들었어, 존. 여전하네."

"오랜만이야, 요코. 그리웠어."

"나도."

"또 볼 수 있을까?"

"응, 아마 그렇게 될 거야."

얼마 후, 아파트에서 메이와 함께 휴식을 취하던 존은 한 통의 전화를 받는다. 요코에게서 걸려 온 전화였다.

"존, 나야."

"요코?"

"존, 이제 우리 다시 시작할까?"

"요코, 바로 갈게. 조금만 기다려."

존은 그 길로 짐을 챙겨 요코에게로 향했다. 아파트에 남겨진 메이는 바닥에 주저앉아 울었지만, 존은 그에 연연하지 않았다. 그는 일분일초라도 빨리 요코에게 돌아가고 싶은 마음뿐이었다.

존의 '잃어버린 주말'은 이렇게 끝이 났다. 존과 요코가 재회하고 얼마 지나지 않아 두 사람에게 뜻밖의 기쁜 소식이 두 가지나 찾아 왔다. 하나는 드디어 존과 미국 이민국 사이의 분쟁이 마무리된 것 이다. 영국에서 존의 전과를 조작한 형사, 노먼 필처가 증거 조작

혐의로 체포된 것이다. 누명을 벗게 되자 미국 이민국도 더는 존을 추방할 명분을 찾을 수 없었다. 존은 드디어 미국의 영주권을 상징하는 '그린카드'를 받게 되었다.

또 하나의 기쁜 소식은 요코가 존의 아이를 갖게 되었다는 것이다. 그러나 요코는 마냥 즐겁지만은 않았다.

"나 사실 두려워, 존."

"무슨 소리야, 이렇게 기쁜 일이 일어났는데!"

"우리 몇 번이나 실패했었잖아. 또 유산해 버릴까 봐 겁나."

"아니, 걱정하지 마. 이번에는 무사히 출산할 수 있을 거야."

"그래, 무사히 낳는다고 해도 우리가 아이를 잘 돌볼 수 있을까? 당신이나 나나 서로 작품 활동으로 바쁠 텐데 말이야."

"걱정하지 마, 아이가 태어나면 나는 다 그만둘 거야. 오로지 아이와 당신만을 생각할게."

그리하여 1975년 10월 9일, 요코는 아들을 낳았다. 그날은 존 레넌의 서른다섯 번째 생일이기도 했다. 자신과 생일이 같은 아들에게 존은 '숀 레넌(Sean Lennon)'이라는 이름을 붙였다. 존은 영국인이었지만 그의 아버지는 아일랜드 혈통이었다. '숀'은 '존'을 아일랜드식으로 부르는 이름이었다. 자신과 같은 이름을 얻게 된 그 아이는 존의 분신이나 다름없었다.

평화로운 나날

션이 태어나자마자 존은 정말로 모든 일을 그만두었다. 몸을 회복하자마자 요코는 사업에 뛰어들었고, 모든 집안일을 존이 맡아서 하게 되었다. 그는 다시 노래를 만들지도 않았고, 공연하지도 않았다. 그는 아침 6시에 일어나 션의 아침 식사 준비를 시작으로 육아에 전념했다. 아이에게 노래를 불러 주고, 아이를 위해 그림책을 만드는 등 모든 생활이 션을 중심으로 이루어졌다. 한가할 때도 사람들을 만나거나 술을 마시지는 않았다. 단지 집에서 가만히 TV를 보고, 서재에 들어가 책을 읽을 뿐이었다. 이러한 생활은 무려 4년이 넘게 지속하였다.

공백기가 길어지자 대중들은 존을 비난하기 시작했다. 그의 첫 아들 줄리언에게는 그토록 무책임한 아버지였으면서 이제 와 션을 위해 모든 삶을 바치려는 그를 이해하지 않았다. 그러나 존은 아랑곳하지 않았다. 이러한 생활은 그에게는 꼭 필요했다. 처음 쿼리멘을 조직한 것이 십 대 시절이었다. 비틀스를 거쳐 지금에 이르기까지, 그는 언제나 전 세계의 관심 속에 살았다. 40년 가까이 살아오며 단 한 번도 가족의 품에서 제대로 된 휴식해 본 적이 없는 그였기에, 처음 맞는 이러한 평화로운 시간이 너무나도 소중했다.

Double Fantasy

1980년 8월, 존이 육아에 전념하겠다고 마음먹고 은둔 생활을 한 지 무려 5년이 다 되어갈 무렵, 오랫동안 잠들어 있던 창작의 혼이 다시 깨어났다. 가족끼리 떠났던 버뮤다로의 여행에서 영감을 얻었는지, 뉴욕으로 돌아온 존은 그동안 숨겨 왔던 창작열을 한꺼번에 폭발시키듯 미친 사람처럼 음악 작업에 몰두했다. 스튜디오에 머물며 거의 먹지도 자지도 않은 채 곡을 써 내려갔다. 그런 존의 곁에서 요코도 함께 창작 작업을 했고, 둘은 2주 만에 무려 22곡을 완성했다. 그렇게 완성된 앨범이 존 레넌과 오노 요코의 공동 앨범인《Double Fantasy》였다.

이 앨범 속에서 존은 방황하는 영혼이 아니었다. 평화를 꿈꾸는 사회 운동가도 아니었다. 그는 단지 한 아이의 아버지였고, 한 여자를 사랑하는 남자일 뿐이었다. 이는 그의 노래 〈Beautiful Boy〉에도 잘 나타나 있다.

비록 활동을 다시 시작했지만, 존이 추구하는 삶은 슈퍼스타로서의 삶이 아니라 한 가정의 남편이자 아버지였다. 일평생 세계의 평화를 부르짖던 그가 이제는 스스로 가정 안에서 평화로운 삶을 누리고, 그러한 이야기들을 노래로 만들어 부르기로 다짐한 것이다. 이러한 모습을 보며 상당수 대중이 실망감을 표현하기도 했지만, 존에게 이제 그런 것은 중요한 문제가 아니었다.

존 레넌, 눈을 감다

앨범을 발매한 후 존은 항상 요코와 함께 인터뷰에 임했다. 세계적인 음악 잡지『롤링 스톤』과의 인터뷰 때 찍힌 사진은 지금까지도 가장 유명한 표지 사진으로 남아 있다. 사진작가인 애니 리보비치가 존에게 요구했다.

"존, 요코에 대한 마음을 자유롭게 표현해 주세요."

존은 그 자리에서 입고 있던 옷을 모두 벗어던졌다. 그는 실오라기 하나 걸치지 않은 모습으로 평온하게 누워 있는 요코를 끌어안고 입을 맞추었다. 그러고는 이렇게 말했다.

"이게 그녀에 대한 나의 사랑입니다."

그보다 전에 했던 한 인터뷰에서는 이렇게 말하기도 했다.

"저는 요코보다 일찍 죽을 겁니다. 그녀 없이 하루라도 더 살고 싶지 않아요."

그리고 이 이야기는 뜻밖에도 너무나도 빠르게 현실이 되었다. 1980년 12월 8일,『롤링 스톤』과의 사진 촬영이 있었던 바로 그 날의 일이었다. 집에 돌아온 존과 요코는 언제나 그랬듯 집 앞에 모여 있던 팬들에게 사인을 해 주고는 집에 들어왔다. 그들은 잠시 휴식을 취하고 다시 스튜디오에 가서 음악 작업을 했다. 다시 집에 돌아왔을 때 시계는 밤 10시 50분을 가리키고 있었고, 다정하게 귀가하는 부부의 등 뒤에 검은 그림자가 하나 드리워져 있었다. 그림자의 주인은 마크 데이비드 채프먼이라는 청년이었다. 그의 가방에는 낮에 그곳에서 직접 사인을 받은 《Double Fantasy》 앨범과 J. D. 샐린저의 소설 『호밀밭의 파수꾼』이라는 책이 들어 있었고, 품속에 감춘 손에는 권총 한 자루가 쥐어져 있었다.

"레넌 씨?"

자신을 부르는 소리에 존이 뒤를 돌아보던 찰나였다.

"탕! 탕! 탕! 탕! 탕!"

다섯 발의 총성이 울리고, 요코는 자기 옆에 쓰러져 있는 존을 발견했다. 네 발의 총상을 확인하고 그녀는 정신이 나가 비명을 지르기 시작했다. 비명을 듣고 아파트 경비원이 달려왔다.

"무슨 일입니까!"

"존이 총에 맞았어요! 존이 총에 맞았다고요!"

곧이어 경찰차가 몰려왔다. 다가오는 경찰차를 아랑곳하지 않은 채, 채프먼은 가방에 들어 있던 『호밀밭의 파수꾼』을 읽고 있었다. 경찰은 채프먼의 손에 수갑을 채우는 한편, 다급하게 존을 경찰차에 태워 병원으로 옮겼다. 그러나 밤 11시 15분, 병원에 도착하자마자 존 레넌은 숨을 거두고 말았다.

전설을 추모하며

모든 언론은 존 레넌의 사망 소식을 속보로 알렸고, 날이 밝기도 전에 존 레넌이 사망했다는 소식은 전 세계에 알려졌다. 존의 집 앞에는 수천 명의 사람들이 모여 촛불을 켜고, 꽃을 바치며 비틀스의 노래를 불렀다. 그로부터 일주일간 모든 라디오 채널들은 쉴 새 없이 비틀스와 존 레넌의 음악을 틀었고, 조문 행렬도 계속되었다.

채프먼이 존 레넌을 살해한 이유에 대해서는 여러 가지 이야기가 존재하지만, 어쨌거나 그는 체포된 직후 존 레넌을 스토킹하다가 알 수 없는 소리에 이끌려 그를 살해했다고 밝혔다.

이틀 뒤, 존의 시신은 화장되어 뉴욕의 한 묘지에 묻혔다. 오노 요코는 언론을 통에 이렇게 말했다.

"여러분, 떠나간 존을 위해 기도해 주시면 감사하겠습니다. 그리고 돌아오는 일요일에 잠시만이라도 TV와 라디오를 끄고 그를 위해 묵념해 주시기를 부탁합니다."

12월 14일, 요코가 말한 그날 세계 각지에서 존을 향한 추모 기도회가 열렸다. 뉴욕 센트럴 파크에는 10만 명의 인파가 운집했다. 그의 고향 리버풀에도 수만 명이 모였고, 젊은 날을 보냈던 함부르크와 런던에도, 그 외에도 전 세계 각지에서 수많은 인파가 모여 그를 위해 기도했다. 오후 두 시에는 요코의 말대로 10분간의 묵념이 있었고, 미국과 영국의 방송사들은 정규 방송 대신 기도회를 생중계했다. 미국 대통령을 비롯한 유명 인사들과 수많은 보도 매체들이 그를 애도하며 그가 남긴 음악적, 사회적 업적을 칭송했다. 그를

추모하기 위한 콘서트가 열리기도 했다.

그러나 이렇게 뜨거운 추모 열기로도 전 세계에서 가장 사랑받았던 음악가를 불과 마흔 살의 젊은 나이에 떠나보낸 이들의 아쉬움은 좀처럼 달래지지 않았다. 누구보다 가슴 아팠던 이들은 비틀스 시절을 함께했던 멤버들이었다. 폴 매카트니, 조지 해리슨, 링고 스타는 조지 해리슨의 앨범에 수록된 〈All Those Years Ago〉로 떠나 버린 옛 친구를 기렸다.

평화를 갈망한 슈퍼스타

존 레넌이 사망하고 서른두 해가 흐른 뒤인 2012년, 런던의 올림픽 주경기장에서는 세계인의 대축제인 런던 올림픽의 폐막식이 열렸다. 많은 사람이 폐막식의 하이라이트를 떨리는 가슴으로 기다리고 있었다. 영국이 자랑하는 대중음악 가수들이 총동원된 '영국 음악 교향곡' 무대가 있을 예정이었다. 이미 세계 대중음악사의 전설, 비틀스의 멤버 폴 매카트니가 대회 개막식 무대에서 〈Hey, Jude〉를 불러 세계인을 열광시켰던 터라 도대체 폐막식 무대의 마지막을 누가 장식할 것인가에 대해 많은 이들이 궁금해하고 있었다.

영국이 자랑하는 뭇별 같은 음악가들이 한 명 한 명 등장했다. 스파이스 걸스, 퀸, 더 후, 애니 레녹스, 아델, U2, 마이클 볼튼, 뮤즈,

에드 시런. 이들 중 누구를 공연의 마지막 무대를 장식하는 '헤드라이너'로 세웠어도 이의를 제기할 사람이 없었을 것이다. 누가 감히 그들을 앞세우고 전 세계가 주목하는 이 행사의 마지막을 장식할 수 있을까.

드디어 마지막 순서, 무대에 등장한 것은 뜻밖에도 유명 가수가 아니라 런던의 어린이 합창단이었다. 이윽고 전 세계인 누구나 아는 피아노 반주가 시작되었다. 세계인이 가장 사랑하는 노래 중 하나이며, 수십 년간 수많은 음악가에 의해 리메이크되기도 한 곡 그리고 평화와 화합을 위한 세계인의 축제에 가장 잘 어울리는 노래, 존 레넌의 〈Imagine〉이었다.

어린이들의 청아한 목소리가 울려 퍼지기 시작하자 경기장을 가득 채운 관객들과 TV 생중계로 이 장면을 지켜보고 있던 수십억 명의 가슴이 뭉클해졌다. 아이들이 첫 소절을 마치자 경기장에 설치된 초대형 전광판에 익숙한 얼굴이 등장했고, 경기장은 함성으로 가득 찼다. 세계에서 가장 유명했던 슈퍼스타, 막대한 부를 쥐고도 사회의 어두운 면을 밝히고자 했던 음악가, 누구보다 아름답고 절박하게 평화를 노래한 가수, 비틀스의 리더 존 레넌이었다. 영상 속의 그는 평온한 얼굴로 피아노를 연주하며 노래를 부르고 있었다.

경기장 한편에서는 검은 선글라스를 낀 한 노년의 여인이 그 장면을 지켜보고 있었다. 존 레넌의 영원한 사랑, 그의 영원한 뮤즈였던 여인, 오노 요코가 팔순이 된 몸을 이끌고 그 장면을 바라보고 있었다. 사랑하던 이의 "요코, 당신은 선글라스가 잘 어울려."라던 한 마디에 수십 년 동안 언제나 검은 선글라스를 쓰고 공식 석상에 나타나던 그녀였다. 요코는 이 무대를 직접 준비한 장본인이기도 했다.

누구도 이 거대한 축제의 대미를 존 레넌이 장식하는 것에 대해서 이의를 제기하지 않았다. 그는 여전히 전 세계에서 가장 사랑받는 음악가였고, 명실상부하게 세계 팝 음악의 역사에 가장 커다란 발자국을 남긴 이였기 때문이다. 그가 죽은 뒤에 나온 유작 앨범과 그의 작품들을 새로 모아 낸 앨범들은 모두 수백만에서 수천만 장이 팔렸다. 세계 곳곳의 집회 현장에서는 아직도 그의 노래들이 울려 퍼지고, 그 현장에서 구호를 외치는 이들 중에도 그의 사상에 감명을 받고 자신의 길을 정한 이들이 적지 않았다. 팝 음악의 역사는 비틀스로부터 시작되었다는 말이 있듯이 대부분 음악이 그 뿌리를 거슬러 올라가면 크든 작든 비틀스의 영향을 받았다. 세계인이 함께하는 축제의 하이라이트에 가장 어울리는 단 한 명의 음악가는 누가 이의를 제기할 것도 없이 존 레넌이었던 것이다.

그에 대한 평가가 엇갈리는 것은 사실이다. 그는 청춘을 마약과 술에 취해 무절제하게 살았던 인물이고, 아내와 아들을 무책임하게 버렸던 인물이기도 했다. 2015년 암으로 세상을 떠난 신시아의 편에서 생각해 보면 그를 칭송하는 것은 부당한 일일 수도 있다. 그러나 그가 비록 자신을 파괴하고 주변을 불행하게 만들기도 했던 인물이었음은 사실이지만, 그의 음악과 신념과 그것들이 미친 영향들로 인해 나머지 인류가 조금이나마 더 평화롭고 행복해질 수 있었음은 부인할 수 없을 것이다.

노래의 마지막 부분에 이르러, 하얀 조형물들이 경기장으로 들어왔다. 경기장 한복판에 이르러 그것들은 하나의 형상을 이루었다. 런던 상공에서 바라본 그 형상은 바로 존 레넌의 얼굴이었다. 전 세계에 걸쳐 각기 다른 모습으로 그 광경을 바라보고 있던 비틀스 팬들의 마음은 어땠을까. 아버지로부터 버림받다시피 했지만 훗날 아버지처럼 가수가 되어 아버지를 용서했다고 말했던 줄리언 레넌의 마음은 어땠을까. 아버지의 넘치는 사랑을 받았으나 그 기간이 너무도 짧았던, 역시 아버지처럼 가수가 된 숀 레넌의 마음은 어땠을까. 이제는 각자가 전설이 되어 이따금 예전의 그를 추억하고 있을 폴 매카트니와 링고 스타의 마음은 어땠을까. 2001년 세상을 떠나 어쩌면 그와 함께 이 장면을 보고 있었을 조지 해리슨의 마음은 어땠을까. 그리고 한평생 가슴의 구멍을 메우다 끝내 메우지 못하고 세상을 떠난 사람, 그토록 평화를 갈망했으나 끝내 평화로운 시간 속에 머물지 못했던 사람, 존 레넌의 마음은 어땠을까.

    나는 내가 존 레넌에 대해 잘 알고 있다고 착각했다. 그의 음악을 조금 들어 봤고, 그에 대해 풍문처럼 떠도는 이야기들을 조금 들었다는 것만으로 그의 생애를 내 멋대로 평가해 온 것이다. 이 글을 쓰기 전까지 나는 존 레넌을 '형편없는 인격에 비해 과분한 재능을 가진 운 좋은 사내' 정도로 이야기하곤 했다.

    이 책에서 존 레넌이라는 인간의 탄생부터 죽음 그리고 그 이후까지를 함께 걸어 보는 긴 여정을 마친 지금, 나는 '상대의 신발을 신고 2주간 걸어 보지 않고는 그를 판단하거나 비난하지 말라'고 했던 어느 부족민들의 말을 되새겨 본다. 내가 했던 말이 옳으냐 그르냐를 떠나, 그의 생애에 관한 이해 없이 함부로 그렇게 이야기했던 점을 반성하게 되었다.

존 레넌은 결핍이 많은 인간이었다. 어린 시절 가정환경의 영향으로 그리고 수긍하기 어려웠던 어머니와의 이별의 기억으로 그의 가슴에는 커다란 구멍이 생겨나고 말았다. 사람은 결핍된 만큼 무언가를 갈구하기 마련이다. 충분히 사랑받지 못했기에 사랑하는 방법조차 잘 알지 못했던 이 사내의 모든 반항과 기행들은 모두 사랑받고 싶은 마음에서 나오지 않았을까. 정작 사랑받고 있는 순간에도 자신의 행복을 의심하며 두려워했던 그를 지켜보며 내내 애처로운 마음이 들었다.

'그럴 만한 사정'으로 모든 일을 용서받을 수는 없는 법이다. 존 레넌이 자신을 파괴했던 행동들과 가족들에 대한 무책임한 태도는 비난받아 마땅하다. 성숙한 인간이라면 괴로움 속에서도 절제할 줄 알아야 하고, 이별하더라도 그 과정에서 필요한 최소한의 도리는 지켜야 하기 때문이다.

다행스럽게도 존 레넌에게는 어머니가 물려주신 유일한 유산인 음악이 있었다. 존 레넌이 자신의 결핍을 파괴적인 방식으로만 해소하려 했다면 그는 결코 기억할 만한 인물이 될 수 없었을 것이다. 사랑받고 싶은 마음이 절박했던 만큼 존 레넌은 아름다운 노래들로 남았고 덕분에 그는 세상을 떠난 지 수십 년이 지나서도 인류 역사상 가장 사랑받는 대중음악가로 일컬어진다.

더욱이 존 레넌은 위대한 음악가로서만이 아니라 평화를 부르짖은 사회 운동가로서도 조명받아야 한다. 그가 단지 자신의 삶에 사랑이라는 가치를 채우는 것에 머물지 않고 온 세계 사람들이 사랑과 평화 속에서 살아갈 수 있도록 하는 데 헌신했다는 점을 기억해야 한다. 세상을 바꾸기 위한 수단으로 누군가는 총칼을 들었고, 또 누군가는 교육 활동을 벌였다. 노래, 더 나아가 예술 역시 그에 못지않게 강력한 수단이라 할 수 있다. 존 레넌은 그의 삶 전체를 통해 그것을 증명해 냈다.

누구에게나 결핍이 있고 아픔이 있다. 그것을 어떤 식으로 채워 나가고 치유할 것인지는 우리 자신만이 결정할 수 있다. 존 레넌의 삶과 음악은 우리 인생에서 내릴 수많은 결정에 중대한 참고 자료가 되는 데 손색이 없다고 할 만하다.

그가 세상을 떠난 지 40년이 다 되어 간다. 내일의 세상은 오늘의 세상보다 조금 더 평화롭길. 그의 말대로 우리가 믿는다면 그렇게 될 수 있다고 믿으며.

강백수

존 레넌 연보

1940년   영국 리버풀에서 존 윈스턴 레넌 탄생.

1956년   쿼리뱅크 고등학교 재학 중, 비틀스의 모태가 된 밴드 쿼
리멘을 결성하고 폴 매카트니와 만남.

1957년   리버풀 예술 대학에 입학하고 2년 뒤 중퇴.

1960년   밴드 이름을 '비틀스'로 최종 확정. 독일 함부르크의 클럽
에서 공연. 이후 리버풀로 돌아와 리더랜드 회관에서 정
식으로 첫 공연.

1961년   봄, 함부르크에서 공연 제의를 받고 독일행. 리버풀로 돌
아와 매니저인 브라이언 엡스타인을 만남.

1962년   신시아와 결혼. 최초의 영국 음반인 싱글《Love Me Do》
발표.

1963년   두 번째 싱글《Please Please Me》발매. 신시아와의 사이에
서 아들 줄리언 레넌 출생.

1964년   1964~1966년《I Want To Hold Your Hand》가 미국 빌
보드 싱글 차트 1위를 차지한 것을 시작으로 전 세계적인
'비틀마니아' 현상을 발생시킴.

1967년	비틀스 최고의 음반 《Sgt. Pepper's Lonely Hearts Club Band》 발표. 플라워 무브먼트 전개.
1968년	비틀스 멤버들, 인도에서 명상 수행을 받음.
1969년	일본계 전위 예술가 오노 요코와 재혼하고 '존 오노 레넌'으로 개명. 반전 평화 운동 전개.
1970년	4월 17일 비틀스 해체.
1971년	요코와 뉴욕으로 이주.《Imagine》 발표. 정치 운동가 존 싱클레어의 구명을 위한 자선 공연 참여.
1972년	사회 운동가 제리 루빈 등과 함께 베트남 전쟁 반대 운동을 전개하고 닉슨 대통령의 재선 반대 운동을 펼침.
1973년	미국 이민국으로부터 추방 명령을 받음.
1975년	요코와의 사이에서 아들 숀 레넌 출생. 육아에 전념하며 '전업 주부'로 살겠다고 선언하고 개인 활동 전면 중단.
1980년	마지막 앨범 《Double Fantasy》를 발표한 직후인 12월, 자택 앞에서 마크 채프먼이 쏜 총에 맞아 사망.

존 레넌

ⓒ 강백수, 2019

초판 1쇄 인쇄일 2019년 1월 7일
초판 1쇄 발행일 2019년 1월 17일

지은이   강백수
펴낸이   강병철
편집   차혜린

펴낸곳   더이룸출판사
출판등록   1997년 10월 30일 제1997-000129호
주소   04047 서울 마포구 양화로6길 49
전화   편집부 (02)324-2347 경영지원부 (02)325-6047
팩스   편집부 (02)324-2348 경영지원부 (02)2648-1311
이메일   jamoteen@jamobook.com

ISBN 978-89-5707-877-8 (43990)

이 도서의 국립중앙도서관 출판예정도서목록(CIP)은 서지정보유통지원시스템 홈페이지
(http://seoji.nl.go.kr)와 국가자료공동목록시스템(http://www.nl.go.kr/kolisnet)에서
이용하실 수 있습니다.(CIP제어번호: CIP2019000116)